rororo

Massimiliano Palmese wurde in Neapel geboren und lebt seit fünfzehn Jahren in Rom. Er ist Dramatiker und Lyriker. Für seine Gedichte hat er den Premio Eugenio Montale und den Premio Sandro Penna erhalten. «Der Schatten einer Liebe» ist sein erster Roman.

Massimiliano Palmese

Der Schatten einer Liebe

Roman

Deutsch von Suse Vetterlein

Rowohlt Taschenbuch Verlag

Die Originalausgabe erschien 2006 unter dem Titel «L'amante proibita» bei Newton Compton Editori, Rom.

Deutsche Erstausgabe Veröffentlicht im Rowohlt Taschenbuch Verlag, Reinbek bei Hamburg, Juni 2007 Umschlaggestaltung any.way, Barbara Hanke / Cordula Schmidt (Foto: Chris Clinton / Getty Images) Satz Trinité No. 2 PostScript (InDesign) bei Pinkuin Satz und Datentechnik, Berlin Druck und Bindung Clausen & Bosse, Leck Printed in Germany ISBN 978 3 499 24548 0

Der Schatten einer Liebe

Du bist bei mir
auf meinen unendlichen Reisen,
auf den Inseln meiner abendlichen Phantasien,
die wirklich werden in der Nacht,
viel wirklicher als am Tag.
Ich träume von dir und du sagst:
Schluss mit diesem fernen Schmerz, Schluss!
Und du drückst fest meine Hand,
die Wolken eines düsteren Sommers drohend über uns.

Für meine Mutter
und für Valeria

Erster Teil

Paula ist müde. Und wenn sie müde ist, graben sich dunkle Augenringe in ihr Gesicht, so dunkel wie ein Flussbett. Sie schaut eine Weile aus dem Fenster, scheint aber nichts zu entdecken, was ein näheres Hinsehen lohnen würde. Sie hat das Buch weggelegt, selbst zum Lesen war sie zu müde. Jetzt nimmt sie es wieder in die Hand und sucht die Seite, wo sie aufgehört hat. Sie kann sie nicht finden, murmelt irgendetwas Unverständliches, klappt das Buch wieder zu und stopft es in ihre Tasche. Sie fährt sich mit der Hand durchs Haar und streicht sich eine Strähne aus der Stirn. Das tut sie immer, wenn sie keine Lust hat, über etwas nachzudenken. Aber die Gedanken kommen wieder, sie haben sich anscheinend in ihrem Kopf eingenistet.

«Wo sind wir eigentlich?», sage ich, während ich die ausgedörrte Landschaft betrachte.
Paula nennt mir den Namen, den sie ein paar Kilometer zuvor auf einem Ortsschild gelesen hat. Sie sagt, die vertrocknete Vegetation erinnert sie an ihre Kindheit, an Ferienorte, wo es so aussah wie hier. Das Einzige, was ich sehe, sind leblose Farben. Sie meint, das sind die Farben einer ausgelaugten Natur, ausgezehrt von der Kraft der Jahreszeiten. Plötzlich leuchtet alles. Das vertrocknete Gras, das Gestrüpp sehe ich auf einmal strahlen.
Auch der Zug ist eine einzige glühend heiße Maschine aus Eisen. Ein alter Schnellzug, der die Strecke in- und auswendig kennt. Sein Schnauben ist uns schon vertraut, nicht mal der ganze Dreck hier stört uns. Das Rattern und die Hitze lassen Paula in einen Halbschlaf sinken. Letzten Sommer waren wir glücklich. Wenn man's genau bedenkt, ist es ziemlich riskant, dieses Jahr zusammen zu verreisen. Aber wir bedenken nichts.

Im Gang reden Soldaten auf der Heimfahrt darüber, woher sie kommen und welcher Einheit sie angehören. Einer von ihnen bleibt vor unserem Abteil stehen und bemerkt Paula, die die Augen geschlossen und den Kopf nach hinten geworfen hat. Sie fährt kurz zusammen, sieht mich an, aber ich weiß, dass sie schläft. Ich stehe auf, schiebe möglichst leise die Tür auf, damit ich sie nicht wecke. Warmer Wind. Ich schließe die Tür hinter mir. Versuche mir die Landschaft in einer anderen Jahreszeit vorzustellen. Vermutlich ist das flache Land im Sommer tot und wird erst im Winter wieder zum Leben erweckt. Es erinnert Paula an ihre Kindheit. Mich erinnert es auch an früher. An meine Kindheit, die ich ausgerechnet in einer solch verdörrten Gegend zurückgelassen habe.

«Rauchst du?», fragt der Typ und hält mir eine Zigarette hin.

«Danke, ich hab's noch immer nicht gelernt.»

Er scheint das lustig zu finden und grinst. Durch die enge Uniformhose wirken seine Beine kräftig. Er erinnert mich an ein altes Foto meines Vaters, aus seiner Wehrdienstzeit.

«Fahrt ihr nach Griechenland?»

Er ist auf dem Rückweg von seiner Kaserne in Rom, stammt aber von hier. Also frage ich ihn gleich, wie weit es noch bis Brindisi ist. Ich klage, dass einem bei der Affenhitze die Strecke mit der Zeit nicht kürzer, sondern eher länger vorkommt. Er meint, er hat auch das Gefühl, dieser Sommer will überhaupt nicht mehr enden – so weit weg von seiner Freundin. Gleichzeitig wandern seine Augen von mir zu Paulas Busen. Ich stelle mir vor, wie er ins Abteil geht, die Vorhänge zuzieht und eine Hand in Paulas Ausschnitt legt. Ich werfe einen letzten Blick auf die verbrannte Landschaft und schiebe die Tür zu unserem Abteil auf. Ich winke ihn zu mir. Er reißt verdutzt die Augen auf. Dann folgt er mir. Ich setze mich. Er setzt sich. Ich schließe die Tür.

Ich stelle mir vor, ich würde seine Hand nehmen und sie auf Paulas Körper legen. Mit sanftem Druck ließe ich ihn ihren geschmeidigen Körper spüren. Ich würde ihn weiter führen, unter das Kleid, zwischen ihre Schenkel. Ich könnte spüren, wie seine Hand in der meinen zittert. Er würde seine Beine ausstrecken und meine berühren. Paulas Unterwäsche fühlt sich geschmeidig, natürlich an. Unsere Finger würden über den Stoff gleiten. Seine Finger, lange, schön geformte Finger, mit weißen, perfekten Nägeln, würden den Stoff beiseiteschieben und die Haut berühren. Weiter, bis zum Eingang der feuchten, sommerlich-schwülen Zonen. Der junge Mann zieht die Beine wieder an, steht auf und geht. Paula öffnet plötzlich die Augen. Sie fragt mich, wo wir seien, wie lange sie geschlafen und was sie geweckt habe.

Der Zug steht jetzt schon ziemlich lange in einer Wüstenlandschaft. Personal, das man Näheres fragen könnte, gibt es keines, und unsere Tickets wollte auch noch niemand sehen. Die Luft ist drückend. Auf dem Gang aufgeknöpfte Hemden, ausgestreckte Beine, Fächer. Ausgelesene Zeitungen, die vor geöffneten Fenstern herumflattern. Paula ruft nach mir, ich gehe zurück ins Abteil. Sie hat wieder die Karte der Kykladen vor sich und bittet mich, unsere Route noch einmal zu überdenken. Also überdenken wir unsere Route noch einmal. Von Insel zu Insel. Die einzelnen Zwischenstopps, die Touren. Paula mag Landkarten, mir sind Reiseführer lieber. Sie sind so schön ausführlich, so schön vieldeutig. Ein ganzer Archipel, in dem wir uns eine Reihe Inseln auswählen können. Paula sucht nach einer Insel, auf der wir uns von unserer zweitägigen Reise erholen könnten, aber die Entscheidung ist nicht ganz einfach. Sie will keinen Rummel, aber auch keine Anlaufstelle für Intellektuelle. Die erste Insel muss eine perfekte Mischung sein: interessant, aber nicht allzu geheimnisvoll. Sie muss eine gewisse Faszination ausstrahlen, darf nicht eintönig sein. Und sie wählt immer dieselbe Insel aus, Jahr für Jahr, jedes Mal dieselbe.

Vor unserem Abteil läuft eine Gruppe junger Ausländer auf und ab. Die Mädchen tragen Anhänger, Kettchen und Bänder in den Haaren. Die Typen weite T-Shirts, kurze Hosen, Tennissocken und ausgelatschte Sandalen. Paula lässt ihren Finger über die Karte wandern; jedes Mal, wenn sie von der Gruppe gestört wird, muss sie ihre Segeltour unterbrechen oder wieder von vorn anfangen. Gleichzeitig behält sie mich im Auge. Wenn ich kurz unaufmerksam bin, bemerkt sie das sofort, sie sieht dahin, wo ich hinsehe, sie gerät in Panik, wenn ich jemanden anstarre, der sich außerhalb unseres Blickfeldes bewegt. Die Barbaren tauchen wieder auf und fragen, ob wir wissen, was eigentlich los ist. Paula sagt, die italienischen Züge sorgen immer wieder für Überraschungen. Sie lachen und setzen sich zu uns. Ich packe Zeitschriften und Reiseführer zusammen, presse mich an Paula, die sich an mich presst.

Die Barbaren bringen etwas Licht in diese öde Warterei. Sie haben helle Haut, perlweiße Zähne und überall Piercings in ihren mageren Gesichtern. Nach einer Runde Kiffen werden die Stimmen der Mädchen quietschig, die Typen erzählen von ihren großen Plänen. Einer schnappt sich unsere Landkarte. Die Barbaren brechen in Freudenschreie aus, sie kennen unseren Archipel in- und auswendig. Hier kann man essen bis zum Umfallen, aber der Trubel nervt. Dort gibt's kein Trinkwasser, dafür ist die Natur sehr wild. Hier das Museum, dort das verfallene Kastell. Hier Nachtleben, dort Strände für den Tag. Der Name Serifos fällt, die Insel ist nicht allzu touristisch – ideal als erste Anlaufstelle.

«Serifos war aber nicht eingeplant», sage ich.

Paula lässt sich die Karte wiedergeben. «Schau mal, die Lage ist perfekt. Das könnte doch was sein.»

Sie erzählen von Livadi, dem Hafen. Von einer großartigen *chora*. Von einem Friedhof auf einer Klippe direkt über dem Meer. Von Stränden, die vom Land aus kaum zu erreichen sind.

«Ziemlich blöd für einen Urlaub am Meer, wenn die Strände nicht zu erreichen sind.»

«Aber wenn die Strände nicht zu erreichen sind, sind sie sicher wunderschön», meint Paula begeistert.

Genervt stehe ich auf und verlasse das Abteil. Im Gang streife ich feuchte Schultern und Rücken, warmen Schweiß, kalten Schweiß, vollgestopfte Bäuche. Ich trenne eng umschlungene Pärchen, wecke den ein oder anderen, der vor sich hin döst. Ich steige über ganze Stapel von

Koffern. Und über Kinder, die man auf Tüten abgesetzt hat, auf Taschen abgesetzt hat, auf riesigen Koffern abgesetzt hat. Ich ziehe die neugierigen Blicke der Kids und die skeptischen Blicke alter Frauen auf mich. Endlich erreiche ich die Bar, bestelle einen Kaffee und setze mich zwischen eine Nonne und zwei Deutsche.

Ich liebe es, im Speisewagen zu sitzen, wo Geselligkeit und Reisefieber aufeinanderprallen. Die zwei deutschen Frauen sitzen eng nebeneinander, fast zu eng, essen ihre *tramezzini* und schauen aus dem Fenster, ohne ein Wort zu sagen. Vor ihren verschlafenen Augen die regungslose Landschaft. Nur ein paar Büsche verknoten sich mit der trockenen Luft. Dann Hügel, Hügel aus Asche, wie nach einer Naturkatastrophe, einer Seuche, die sogar den Gedanken an die Menschheit hinweggefegt hat. Hier im Zug dagegen nichts als Hände, Münder, *panini*, Dosen, Handyklingeln in der sommerlichen Hitze. Was machst du, wo bist du, wann kommst du an, um die und die Uhrzeit, das heißt nein, vielleicht, wir haben Verspätung, das schaffen wir nie.

Wir sind in Brindisi. Die Barbaren rennen durch die Gänge und lassen ihre Anhänger klimpern. Die Fahrgäste gehen zurück in die Abteile und suchen ihr Gepäck zusammen. Die Soldaten verschnüren die großen Taschen mit all den verlorenen Tagen darin. Paula hat sich geschminkt, gekämmt und bereits ihre Tasche umgehängt. Ich stehe so lange nicht von meinem Platz auf, bis ich den Zug bremsen höre. Dann ergreife ich schnell die Zeitungen, meine Jacke und das Gepäck. Wir sind zu früh ausgestiegen, der Zug wäre bis zum Hafen gefahren. Wir hätten uns den langen Weg vom Bahnhof zur Fähre sparen können. Ich frage Paula, ob sie nicht auf einen Bus warten möchte, doch darauf antwortet sie nicht einmal. Sie läuft einer langen Reihe von Rucksäcken, Latschen und Matrosenuniformen hinterher. Erschöpft mischen wir uns unter die Menge.

Ich stehe in der Warteschlange vor der Passkontrolle und ersticke fast. Ich sehe zum Ausgang. Der Himmel ist violett und gibt nicht gerade Anlass zur Hoffnung. Ich wäre dankbar, wenn es regnen würde. Paula ist im Erdgeschoss bei der Zollkontrolle geblieben. Sie hat mich gefragt, ob wir jemanden anrufen müssen, ob wir Geld wechseln sollen, ob wir noch etwas einkaufen müssen. Sie wartet unten auf mich, wir hätten sowieso nicht das ganze Gepäck auf einmal in den ersten Stock schleppen können.

Hände, die irgendetwas öffnen, unterschreiben, Papiere falten. Nach endlosen Minuten bin ich an der Reihe, der Beamte stellt mir Fragen zu meiner Person. Damit er mich überhaupt versteht, muss ich mich ständig wiederholen. Und dann nochmal und nochmal. Ich verlasse das Büro

und stecke alles wieder in meine Brieftasche. Geld, Telefonkarten, Kinokarten.
«Carlo!»
Ich drehe mich nicht um.
«Carlo!»
Ich falte die Reiseunterlagen zusammen, stecke auch sie ein und will wieder ins Erdgeschoss.
«Carlo, erinnerst du dich nicht an mich?»
Natürlich erinnere ich mich, aber ich antworte nicht. Ich gehe über den Gang, vorbei an der Polizei, den Toiletten, den öffentlichen Duschen.
«Ich bin's, Anna!»
Ich sage ihr, ich bin nicht allein. Da unten ist jemand, der auf mich wartet, außerdem wären da noch eine Fähre, die ich gleich nehmen werde, und sehr große Müdigkeit.
«Wenn du vorhin deinen Namen nicht zweimal gesagt hättest, hätte ich dich gar nicht erkannt», meint sie. «Obwohl ich dich die ganze Zeit über angesehen habe – schon komisch.»
Ich reagiere nicht auf ihre Fragen, ihre freudigen Ausrufe. Ich versuche all die Jahre, die sie mir allein durch ihre Anwesenheit wieder in Erinnerung ruft, aus meinem Kopf zu verbannen. Jedes Jahr einzeln. Schnell gehe ich die Treppe hinunter, Anna folgt mir wie ein Groupie. Wenn sie mich im Profil sieht, denkt sie sicher, wie sehr ich doch ihrem Liebhaber von früher gleiche.

Ich kann Paula nicht sehen. Am Geldautomaten ist sie nicht, bei den Telefonzellen auch nicht. Sie wird irgendwo hingegangen sein, aber warum. Sie wird irgendwelche Schwierigkeiten gehabt haben, aber welche. Ich bleibe unten an der Treppe stehen und schaue mich verdutzt um. Vor mir Anna, sie ist ganz außer Atem, weil sie mir so hartnäckig gefolgt ist.

«Wie alt warst du, als ich wegging – fünfzehn? Aber ein paar Fotos habe ich seitdem schon von dir gesehen.»

Von wem hat sie denn die Fotos? Das sagt sie mir nicht, so aufgewühlt wie sie ist, vor lauter Beileidsbekundungen und weil ihr so viele Gedanken durch den Kopf schwirren.

«Ich habe das von deiner Mutter gehört. Es tut mir leid. Und dass du aus Neapel weggezogen bist. Ich wusste, dass du das früher oder später tun würdest. Das habe ich immer schon gesagt, weißt du noch?»

Sie nimmt ihre Tasche von der Schulter und öffnet sie.

«Sie ist auch sehr hübsch geworden. Willst du sie sehen?»

Ich drehe mich um, zum Hafen, zum Meer, zur Fähre, die reglos auf dem Wasser liegt, und halte nach Paula Ausschau, die mich hier ganz allein lässt, während mein Herz wie wild pocht, jetzt, wo Anna ihre Jacke durchforstet, in ihrer Handtasche wühlt, in jeder Falte sucht sie, auch ganz unten, aber das Foto taucht nicht auf.

Endlich Paulas Stimme. Ein Stück weiter hinten sehe ich sie mit den Armen fuchteln. Mit einer Abschiedsgeste versuche ich Anna loszuwerden, aber sie macht mich darauf

aufmerksam, dass die «Signora» vielleicht Hilfe braucht, und eilt, deutlich schneller als ich, auf Paula zu.
Die Zöllner wollten unbedingt unsere Koffer kontrollieren. Und haben Paula gleich mitgenommen.
«Meine Koffer waren anscheinend ganz besonders interessant», sagt sie lachend.
«Ich glaube, die Zöllner waren weniger an deinen Koffern als an dir interessiert», so Annas Kommentar.
«Anna ist Griechin», sage ich. «Als ich noch in Neapel lebte, war sie eine Nachbarin.»
«Eine Freundin der Familie», präzisiert sie.
Sie ist eben angekommen, sagt sie. Sie fliegt nie, und so hat sie gerade vierundzwanzig Stunden auf dem Schiff hinter sich. Sie will nach Neapel, wie jedes Jahr, um Liberos Grab zu besuchen, sie war mit einem Italiener verheiratet. Sie schlägt vor, in die Bar am Ende der Straße zu gehen, da, wo sich der gewaltige Bauch des Schiffs öffnet.
«Ihr fahrt erst in einer Stunde», versichert sie uns.
«Und ich habe Durst», meint Paula und sieht die Griechin freundlich an – von Müdigkeit keine Spur mehr.

Libero war der beste Freund meines Vaters. Er hatte Anna im Urlaub auf einer griechischen Insel kennengelernt, auf der sie im Sommer Zimmer an Touristen vermietet. Wie im Märchen, und mein Vater wurde nicht müde, es immer wieder zu erzählen. Eine traumhafte Reise in einen von Sirenen bewohnten Archipel, wo sich Libero vor einer der schönsten Frauen auf die Knie geworfen hatte. Er hatte sie geheiratet, und zusammen hatten sie über die Insel geherrscht.

«Eigentlich habe ich ihn eher gezwungen, auf Serifos zu bleiben», sagt Anna.

Libero hatte zugesagt, aber nur unter der Bedingung, dass sie bei der Geburt des ersten Kindes nach Neapel zögen. Da wusste sie selbst nicht mehr, was sie sich wünschen sollte.

«Ich war froh, dass dieses Kind nie kam.»
Paula wirft mir einen vielsagenden Blick zu und hört dann wieder aufmerksam der Geschichte zu. «Sie ist schön», wird sie später auf der Fähre zu mir sagen, wenn Anna nach Italien weitergereist sein wird. «Eine Schönheit, für die Männer sehr empfänglich sind.»
Aber nach einem Jahr auf der Insel war Libero so unruhig geworden, dass er sein Versprechen ganz vergessen hatte. Anna erinnert sich an Streit, an unzählige Diskussionen. «Ich schrie ihn an, drohte ihm, mich von ihm zu trennen. Dann versuchte ich wieder, ihn zu überreden. Irgendwann sagten wir uns Lebewohl. Aber im letzten Augenblick beschloss ich, doch noch mit ihm zu gehen.»
Mein Vater war überglücklich über Liberos Rückkehr. Sein bester Freund hatte eine Sirene von ihrer Klippe gezerrt und sie wie eine Trophäe in seine Heimat getragen. Eine Andromache, eine Kassandra, eine Helena. Und Annas Schönheit war wie geschaffen dafür, Katastrophen heraufzubeschwören. Meinem Vater musste sie auf Anhieb gefallen haben, mir war sie zu exotisch und unnahbar. Vielleicht war ihr Temperament für einen kleinen Jungen auch schwer zu verstehen. Auf mich machte sie immer einen leidenden, fast kranken Eindruck.
«Griechenland hat mir gefehlt», sagt sie jetzt.
«Es gibt Orte, denen kann man sich nur schwer entziehen», meint Paula. «Griechenland ist für mich so ein Ort.»

In den heiklen Momenten einer Reise lässt Paula die nötige Aufmerksamkeit vermissen. Gezwungenermaßen bin ich es, der die Koffer im Blick behält, die Abfahrtszeiten überprüft und überlegt, ob wir noch irgendetwas brauchen. Ich warte darauf, dass wir endlich aufstehen, auf die Fähre gehen und losfahren können.

«Und du, Carlo? Ich habe gehört, du schreibst einen Roman.»

«Einen Roman? Nein, die Idee hat Carlo schon wieder verworfen», sagt Paula schnell.

Ich frage, was sie trinken wollen, und stehe auf.

«Für mich einen Cappuccino. Danke», sagt Anna.

«Für mich einen J&B», meint Paula. «Pur.»

Auf dem Tresen funkeln die Verpackungen der Snacks und Süßigkeiten. Der Barjunge zeigt keine Reaktion. Er wirft mir nur einen seltsamen Blick zu, was wohl heißen soll, er habe die Bestellung registriert. In den drei Minuten, die ich warte, sagt er keinen Ton. Die eingeschweißten Snacks sind von der Sonne ausgetrocknet. Durchsichtige, hellblaue und dunkelblaue Tüten. Einer der Aufdrucke stellt ein Schiff in einem Meer mit Schaumkronen dar. Es ist ein altes Schiff mit unzähligen Segeln, eines jener Schiffe, die früher ganze Scharen von Menschen von einem Ende der Welt zum anderen brachten. Die Arme des Jungen wandern träge zwischen Espressomaschine, Spülbecken und Kühlschrank hin und her. Nach dem Mineralwasser, den Säften und Croissants für andere Gäste findet er endlich Zeit, mir den Kaffee über den Tresen zu schieben. Und ehe ich michs ver-

sehe, hat er bereits Kakaopulver auf unsere Cappuccini gestreut.
«Wir sind doch keine Deutschen!», protestiere ich.
Ohne darauf zu reagieren, schiebt er mir die Tassen und das Glas hin. Ich betrachte die Tätowierungen auf seinen Fingerknöcheln. Er lässt die Getränke, wo sie sind, und zieht die Hände weg. Ich schaue ihn an, er schaut mich an.
«Ich will gar nicht wissen, worüber ihr geredet habt», sage ich zu den beiden und stelle ihnen die Getränke hin. Bei Anna entschuldige ich mich für den Kakao.
«Ich habe die ganze Zeit über geredet», meint Anna entschuldigend. Sie hat geweint. Ihre Augen sind gerötet.
«Deine Augen sind ganz rot», sage ich und bereue es sofort wieder.
Während ich die Autoschlange, die auf die Einschiffung wartet, im Blick behalte, wischt sich Anna mit einem Papiertaschentuch die Tränen weg. Ich biete ihr meines aus Stoff an. Sie knüllt es zusammen, nimmt es von einer Hand in die andere und faltet es dann wieder ordentlich. «Darf ich es behalten?», und anstatt es zu benutzen, steckt sie es in ihre Tasche.
Ich sehe sie noch vor mir, Anna, in ihrer engen grauen Strickjacke, auf der Terrasse ihres Hauses am Meer. Eines dieser typischen Häuser auf dem Dorf, mit einem ersten Stock, selten auch mit einem zweiten. Es hieß, sie habe eine Schwäche für meinen Vater gehabt. Wenn ich sie mir jetzt so ansehe, entdecke ich in ihr, was mein Vater vielleicht auch in ihr entdeckt hat, und so bin ich mir ziem-

lich sicher, dass er es damals war, der eine Schwäche für sie hatte. In ihrer Strickjacke, die großzügig den Blick auf ihr Dekolleté freigab, hatte die Griechin auf der Terrasse die Wäsche aufgehängt, blieb dann noch ein bisschen stehen, rauchte die Zigarette zu Ende und blies den Rauch gegen einen Horizont, den nur sie kannte. Und ich beobachtete sie von meinem Fenster aus und versuchte mir vorzustellen, wohin ihr Blick wohl gerade schweifte, während sie, den Wäschekorb auf die Hüfte gestemmt, mir und meiner Welt den Rücken zuwandte.

«Aber ich mache mir große Vorwürfe», sagt sie, jetzt, wo es keiner erwartet hat. «Ich habe mit Männern gekämpft, damit sie taten, was ich wollte, damit sie gingen, wohin ich wollte.»

Die Luft war erstarrt. Die Stimmen im Raum verdichteten sich zu einem einzigen Summen, einem atmosphärischen Geräusch.

«Ist das nicht seltsam, wenn man weiß, man ist nicht glücklich? Ohne deswegen zu leiden. Wenn man einfach nur weiß, man ist nicht glücklich.»

«Und ihr, fahrt ihr nicht nach Serifos?», fragt Anna, nachdem sie sich wieder gefasst hat.

«Serifos war nicht eingeplant», sage ich wieder.

Als mein Vater vom nächtlichen Fischfang nicht zurückkehrte, sagten die Leute, er habe Anna nach Griechenland folgen wollen. Eine Lüge, an die keiner so recht glaubte, außer mir. Für mich stand fest, dass mein Vater wegen Anna im Meer den Tod gefunden hatte. Von da an sperrte sich meine Mutter in der Wohnung ein und verließ sie bis zu ihrem Tod nicht mehr. Auch einen Tag bevor sie starb, fiel Annas Name, und sie überschüttete sie mit schlimmen Vorwürfen, die ihr der Wahnsinn aus den Tiefen ihres zerstörten Lebens zuflüsterte. Sie war der festen Überzeugung, Annas Anwesenheit habe Gefühle vergiftet und Beziehungen zerstört, für die sie ihre ganze Jugend geopfert hatte. Meiner Mutter war nicht klar, dass diese Beziehungen nie wirklich stabil gewesen waren. Niemand von uns hätte das Gegenteil beweisen können, wenn jemand unsere Gefühle als Illusionen entlarvt hätte. Mir dagegen war unser Leben schon immer wie ein fragiles Kartenhaus vorgekommen, das sich dem erstbesten Windstoß darbot.

«Fahrt nach Serifos.» Annas Stimme klingt eindringlich.

«Das ist gar nicht mal ausgeschlossen, stimmt's, Carlo? Gar nicht mal ausgeschlossen», sagt Paula beharrlich.

Während sich das Schiff auf den violetten Himmel zubewegt, winkt uns Anna von der Mole aus noch einmal zu. Sie trägt einen grauen Rock, es ist das gleiche Grau wie damals.

«Schau mal bei Senia vorbei», ruft sie wieder. «Sie ist hübsch geworden. Du wirst sie kaum wiedererkennen.»

Senia, die Fremde.

Es gab so vieles, das ich noch nicht über meinen Vater wusste, aber eins hatte ich gelernt: ihn an seinem Gang zu erkennen. Und an diesem Nachmittag hörte ich am Geräusch der Schritte, dass er es war, der ins Haus huschte.
«Das ist mein Vater», flüsterte ich.
«Um diese Uhrzeit?» Du warst auch erstaunt.
Ich hatte noch immer dein Höschen in der Hand und wickelte es mir jetzt ums Handgelenk. Dann, als die Schritte näher kamen, zog ich dich in die dunkle Nische unter der Treppe. Im selben Moment ging auch im ersten Stock die Tür auf, Annas Stimme hallte durchs Treppenhaus, sie verabschiedete meine Mutter und rief nach dir:
«Senia!»
Du stöhntest auf, und ich hielt dir mit der Hand den

Mund zu, damit du nicht antworten konntest. Da sah ich deine Augen, die in meinen verschwanden, und so ließ ich die Hand vom Mund zum Hals gleiten und presste schnell meine Lippen auf deine. Unsere Zähne stießen geräuschvoll aneinander.

«Senia, komm, wir gehen!»

Auch Annas Schlurfen war ziemlich typisch. Ihre Schritte gesellten sich zu denen meines Vaters und kamen die Treppe herunter, unter der wir uns versteckt hatten. Er lief den kurzen, halbdunklen Flur entlang, dann sah er sie vor sich.

«Schon zurück?»

«Sprich leise», flüsterte er.

«Ich wollte gerade gehen. Hast du Senia gesehen?»

«Komm her», sagte er und streckte den Arm nach ihr aus.

Anna ging die letzten Stufen hinunter und stand jetzt vor ihm.

«Was ist denn los?», fragte sie leise.

«Ich habe Lust auf dich.»

«Das hast du in letzter Zeit ganz schön oft.»

«Alles deine Schuld», sagte er und drückte sie mit dem Rücken gegen die Tür zum Keller; dort, wo wir Kinder immer Steine warfen, um die Fledermäuse auf den schimmeligen Balken aufzuscheuchen.

Vielleicht ist das ja ihr Versteck, dachte ich. Wir gaben keinen Mucks von uns und warteten, dass sie hinunter in den Keller gingen. Aber sie gingen nicht hinunter. Er knöpfte seine Hose auf und drang in sie ein. Ich sah, wie er sein Becken gegen das ihre presste, wie er – genau wie ich – die

Hand vor Annas Mund hielt, dass sie kaum Luft bekam. Du hast mich gestreichelt, um mich zu trösten. Alles ging sehr schnell. Anna sagte irgendetwas, während sie sich zwischen den Beinen abwischte und mein Vater sich die Hose hochzog. Ein Husten aus der dunklen Nische unter der Treppe ließ sie vor Schreck erstarren. Das Husten ertönte nur ein Mal, deswegen erschien es mir künstlich, geradezu gewollt.

«Wer ist da?», fragte er und drehte sich in unsere Richtung.

Du drücktest dich so sehr an mich, dass ich dich fast erwürgt hätte. Trotzdem konntest du ein entschlossenes «Wir» herauspressen. Du befreitest deine Haare, die sich zwischen meinen Fingern verfangen hatten, und kamst aus der Ecke gekrochen, ohne meinen Vater anzusehen, ebenso wenig deine Mutter, die noch immer mit dem Rücken zur Kellertür stand.

«Warum versteckt ihr euch hier?», stammelte mein Vater.

«Wir haben uns nicht versteckt. Außerdem waren wir zuerst hier!», sagtest du noch im Gehen.

Dann kamst du noch einmal kurz zurück, nahmst dein Höschen von meinem Handgelenk, hobst deinen Rock hoch und zogst es an, und zwar auf eine so demonstrative und schockierende Art, dass es meinem Vater die Stimme verschlug.

«Wir sehen uns oben», sagtest du zu deiner Mutter.

Das war das letzte Mal, dass ich dich sah.

Lange rote Lichterketten hängen quer über dem Speisesaal. Sie spenden Wärme, Pärchen lächeln sich zu, Kleinfamilien sind ordentlich um die Tische gereiht, so mancher sitzt allein da und isst mit gesenktem Blick. Die Schiffskellner hantieren hinter dem Tresen, servieren Salate und Vorspeisen. Es ist ein einziges Herumschwirren eifriger Hände, köstlicher Hauptgerichte, hier bitte schön, danke schön. Griechische Wort- und Satzfetzen, der vertraute Klang einer geliebten Sprache. Paula trägt eine eng anliegende schwarze Wickeljacke. Ab und zu legt sie das Besteck auf den Tellerrand und zieht an beiden Enden des Gürtels, um ihn fester zu schnüren. Dann löst sie den Knoten wieder und macht einen noch festeren, der sich gleich darauf erneut lösen wird. Sie hustet ein paarmal

nervös. Unsere Anspannung strahlt in alle Richtungen, sie spiegelt sich in Messern, Gabeln, Gläsern.
«Ich sehe uns schon all die Abende beim Griechen sitzen.»
Sie denkt dabei an hell erleuchtete Plätze, den intensiven Geschmack der Fleischgerichte, Tabletts mit gedünstetem Gemüse und das Aroma der Weine. Sie stützt einen Ellbogen auf den Tisch und sieht mich an. Das rote Licht des Speisesaals strahlt bis zu ihren Wimpern und lässt sie aufglühen. Ich beobachte die anderen Gäste. Alle schön der Reihe nach, bis zum letzten, bis zu der Familie ganz hinten mit dem Kind, das keinen Hunger hat. Die Mutter hält hartnäckig einen Löffel Suppe vor den Mund des Jungen, der aber verweigert weiterhin das Essen. Vielmehr wirft er sich in die Arme des Vaters, der seiner Frau den Löffel aus der Hand nimmt und auf den Tisch legt. Sie wendet sich wieder ihrem Essen zu. Der Vater umarmt den Sohn und flüstert ihm etwas ins Ohr. Dann drückt er ihn und gibt ihm einen Kuss.
«Wir sind nicht gerade große Redner beim Essen», bemerkt Paula spöttisch.
«Ich habe nicht viel zu sagen.»
«Du musst ja nicht viel sagen, aber du könntest wenigstens etwas sagen. Auch wenn es nur aus Höflichkeit ist», meint sie und schenkt sich Wein nach.
«Ich dachte, die höfliche Phase hätten wir hinter uns.»
«Diese Phase steht nicht am Anfang einer Beziehung, Carlo. Sie ist das Ende.»
Dann hustet sie wieder und sieht auf meinen Teller.

«Du hast ja gar nichts angerührt.»
«Mir geht's bestens.»
«Ich würde eher das Gegenteil behaupten.»
Sie schnürt die Jacke noch enger. Und wieder ein Husten.
«Carlo, was ist eigentlich los mit dir?»
Erneut zieht sie an beiden Enden des Gürtels, diesmal wird der Knoten noch fester.
«Wäre es nicht besser, du würdest mit mir reden, anstatt die ganze Zeit nichts zu sagen?»
Sie legt das Besteck parallel vor sich auf den Teller.
«Du siehst doch selbst, wie sich dein Schweigen auf unsere Beziehung auswirkt.»
Sie tupft sich mit der Serviette den Mund und lässt sie auf die Knie fallen. Dann beklagt sie sich, dass der Wein alle ist, und steht auf, um eine neue Flasche zu besorgen. Sie durchquert den Saal auf eine übertrieben elegante Art. Sie gleitet zwischen den Tischen hindurch, dass die Männer schlagartig den Blick von den Tellern heben. Diesen Anblick kenne ich nur allzu gut, ihre Gestalt von hinten. Ich habe diesen Gang geliebt, das Flattern ihrer langen Röcke, die geschmeidigen Bewegungen beim Gehen. Ich beobachte, wie sie sich an den Tresen neben ein Pärchen stellt. Sie – blond, bedenklich schlank – plappert ununterbrochen. Er – verstrubbeltes Haar, wachsame Augen – sieht unzufrieden aus, die Verzweiflung steht ihm ins Gesicht geschrieben. Mit einer Hand fummelt sie an seinem Arm herum, mit der anderen streichelt sie ihn nervös. Er scheint mehr von seiner Umgebung eingenommen zu sein. Vom erleuchteten

Saal. Von Paula, die die Flasche entgegennimmt und zu unserem Tisch eilt.

«Bring mich nach Serifos», platzt es aus ihr heraus.

Sie schenkt nach und reicht mir mit abgespreizten Fingern das Glas. Dann füllt sie auch das ihre und kippt den Wein hinunter. Sie sagt, jetzt sei ständig der Name dieser Insel gefallen, das könnten wir nicht einfach ignorieren.

«Bring mich nach Serifos», sagt sie noch einmal. «Es wäre dumm, davor wegzulaufen.»

Das junge Pärchen steht noch immer an der Bar. Sie ist wie im Delirium, kann ihren Redefluss einfach nicht stoppen. Ihre Finger streichen ständig über den Tresen, während sie sich mit einem Fuß am Unterschenkel kratzt. Der Blick des jungen Mannes ist Paula bis an unseren Tisch gefolgt, jetzt starrt er mich an.

«Carlo, hörst du mir überhaupt zu?»

Und während er mich noch immer fixiert, legt er das Geld auf den Tresen. Mit seinen langen Fingern macht er die oberen Knöpfe seines Hemdes zu, unter dem ich zuvor die gebräunte Haut erblickt habe. Dann geht er in Richtung Ausgang. In ihren hochhackigen Sandaletten trippelt sie ihm hinterher.

«Du bist so verändert», sagt Paula. «Und merkst es noch nicht einmal!»

Sie hat sich ein Glas nach dem anderen eingeschenkt und sofort hinuntergekippt, ohne bewusst zu trinken. Ich hätte sie gebremst, wenn ich es bemerkt hätte. Aber ich habe die Tür angestarrt, durch die die beiden verschwunden sind. Jetzt ist dort eine leere Stelle.

«Vielleicht war es ein Fehler zu verreisen», sagt sie und schleudert die Serviette auf den Tisch.
Dann steht sie auf und verlässt den Saal.

Ich irre auf dem Schiff umher. Eine junge Frau in Uniform erweist sich als hilfsbereit. Ich höre Musik, frage, woher die kommt. Sie erklärt mir den Weg, den ich mir kaum merken kann, da mich ihr Lächeln ablenkt. Sie kneift die Augen so stark zusammen, dass ihre schwarzen Pupillen fast unsichtbar werden. Als sie fertig ist, bedanke ich mich. Sie lächelt. Und merkt, dass ich ihr nicht genau zugehört habe, denn anstatt den Weg einzuschlagen, den sie mir erklärt hat, mache ich eine Hundertachtzig-Grad-Drehung und gehe genau dorthin, woher ich gekommen bin. Ich tauche in die Dunkelheit, schwebe durch Korridore, vorbei an Kabinen, hinein in Spiralen aus Treppen. Dann bin ich draußen an Deck. Durch eine vom Wind zerfressene Tür gehe ich gleich wieder hinein. Ich folge dem Rhythmus, der aus dem Bauch des Schiffes kommt. Der Tanzsaal.

Das junge Pärchen steht in der Mitte der violetten Tanzfläche. Ich gehe an die Bar, bestelle etwas zu trinken. Von der Musik ganz benommen, kippe ich den Drink hinunter. Die Frau und der Mann sehen sich etwas ähnlich, vielleicht sind es die Farben: blondes Haar, gebräunte Haut. Sie bewegen sich wie in Trance, sind hypnotisiert von der Musik und vom Alkohol. Mit ihren schlanken Beinen erfinden sie ihre eigenen Tanzschritte. Die Hände zeichnen Zärtlichkeiten in die Luft. Ich steige in ihr Spiel ein, sie haben nichts dagegen, er lächelt sogar. Sie tanzt vor mir, wirft dabei ihr helles Haar von der einen Schulter auf die andere. Er ist begeistert, scheint erregt zu sein. Goldene Arme wirbeln über das hell erleuchtete Parkett. Ich folge ihnen, dann verliere ich sie. Ich sehe, wie sich ihr Mund öffnet und mir ausländische Sätze zuwirft. Sie weiß, ich kann sie nicht verstehen, redet aber einfach weiter. Sie kommt näher und sagt immer dieselben Worte in mein Ohr. Er hat sich indessen entfernt, ich behalte ihn im Auge, er ist an der Bar und bestellt noch einen Drink. Er kippt ihn hinunter und bezahlt. Dann steuert er auf die Tür zu; bevor er hinausgeht, starrt er mich an.

Sie hat ununterbrochen weitergeredet. Wie heißt du, woher kommst du, wohin gehst du, ach, du auch, wir auch. Sie stützt sich auf meinen Arm, um nicht zu fallen, ihre Lippen kleben an meiner Wange. Plötzlich spüre ich ihren

Mund, mit einem Kuss koste ich ihre Zunge. Sie schmeckt süßlich und nach Alkohol.
«Wo ist er?», fragt sie und sieht sich um.
«Komm, wir suchen ihn.»
Unter den neugierigen Blicken des Personals verlassen wir den Saal. Auf den Gängen ist nur das Klappern ihrer Absätze zu hören. Wie eine Taschenlampe leuchtet uns ihr blondes Haar in der Dunkelheit den Weg. Als ich sie an mich drücke, spüre ich eine künstliche, aber leidenschaftliche Nähe. Ich muss wieder an seinen Blick denken. Hat er nur mir gegolten – ich weiß es nicht.
«Das macht mein Bruder oft», sagt sie und durchbricht damit ein langes Schweigen. «Er verschwindet einfach.»
Mir fällt nichts dazu ein. Ich gehe weiter und suche unter den Tausenden von Kabinen die ihre. Mir ist unverständlich, wie ich in den Armen einer Magersüchtigen landen konnte, die verliebt ist, was aber nicht erwidert wird, und zwar aus dem einfachen Grund, weil der Typ ihr Bruder ist.
Wie zwei Schiffbrüchige irren wir umher. Jedes Mal, wenn sie einen falschen Gang nehmen will, ziehe ich sie an mich, wenn sie sich verläuft, versperre ich ihr mit meinem Fuß den Weg. Ich lächele ihr zu, wenn sie mich mit diesen Augen ansieht, die sie trotz der tiefen Abgründe noch immer zum Leuchten bringen kann. Wie sie das macht, weiß ich nicht.
«Das ist unsere Kabine», sagt sie, meinen Arm lässt sie aber noch immer nicht los. «Bring mich ins Bett, bitte!»
Rasch zieht sie sich aus. Weg mit den hochhackigen Sandaletten, weg mit der Hose. Aus der Tasche holt sie

ein Tütchen Kokain und einen Handspiegel. Sie legt sich alles auf dem kleinen Tisch zurecht. Zieht es geräuschvoll ein. Dann bin ich an der Reihe. Dann sie wieder. Danach schlüpft sie schnell unter die Bettdecke. Ganz schmal macht sie sich, damit ich mich neben sie setze, fast wird sie von der Dunkelheit verschluckt.
Ich gehe in unsere Kabine zurück. Schwanke zwischen den Betten. Ich setze mich. Bin unentschlossen, ob ich bleiben oder noch einmal rausgehen soll. Paula schläft. Ich sehe sie an. Ihr Atem beruhigt mich.
«Bist du zurück?», fragt sie irgendwo zwischen Wachsein und Schlaf.
Ich trete näher. Sie hat sich in ihren Klamotten aufs Bett geworfen. Noch immer trägt sie die schwarze Jacke straff um ihre Taille gewickelt.
«Beim Einschlafen musste ich an uns denken.» Und noch immer weiß ich nicht, ob sie wirklich wach ist.
Ich betrachte sie genauer; ihre Augen sind geschlossen, während sie redet.
«Ich bin eingeschlafen und habe weiter von dir geträumt.»
Ich schalte die Nachttischlampe auf meiner Seite ein. Ziehe leise mein Hemd aus. Ziehe die Hose aus. Streife den Slip ab.
«Und während ich geträumt habe, dachte ich, ich hätte es dir so gerne gesagt.»
Ich krieche unter die Decke. Dann löse ich den Knoten ihrer Jacke und lasse sie auf den Teppich fallen. Ich rücke näher an Paula heran. Schließe die Augen.

«Dir gesagt, dass nur du mich glücklich machst», murmelt sie. «Dass nur du mich glücklich machst.»

Dem Mythos nach wurde Akrisios, dem König von Argos, von seiner Frau eine einzige Tochter geschenkt: Danae. Der König, der sich natürlich einen Sohn gewünscht hätte, um diesem sein Reich zu vermachen, eilte verzweifelt zum Orakel von Delphi, um es zu befragen.
«Du wirst nicht nur keinen eigenen Sohn haben, Akrisios», sprach das Orakel, «dein einziger Enkel wird dich auch noch auf grausame Art töten».
In jener Nacht wurde die Königin von herzzerreißendem Schreien geweckt. Sie stand auf und lief aus ihrem Zimmer. Die Schreie kamen von der kleinen Danae, die ihrer Wiege entrissen und schnell ins Gefängnis im Turmverlies geschafft worden war. Trotz der flehenden Worte seiner Frau blieb der König eisern. Er ließ sogar Bronze schmelzen, um die Wände der Gefängniszelle damit zu versiegeln, und ordnete an, kein Mann dürfe sich dem Turm nähern. Vorsichtshalber beschaffte er sich auch noch ausgehungerte Wachhunde.
So wuchs Danae in einem Bronzegefängnis heran, und je mehr Zeit verging, desto schöner wurde sie, so schön, dass sich Zeus, oben auf seinem Olymp, unsterblich in sie verliebte.

Doch da es ihm unmöglich war, in Gestalt eines Menschen oder Tieres die Bronze zu durchdringen und sich ihr zu nähern, griff er zu einer seiner berühmten Listen: Er verwandelte sich in goldenen Regen. Lange regnete es auf Akrisios' Königreich, es regnete auf den Turm, und über die Ritzen in den Außenwänden befeuchtete der Regen die Zelle und befruchtete so die Jungfrau.

Als Akrisios erfuhr, dass Danae trotz der Abgeschiedenheit ihres Gefängnisses ein Kind zur Welt gebracht hatte, fürchtete er, seine Tage seien gezählt. Denn durch ein Wunder hatte ein männlicher Enkel das Licht der Welt erblickt – das Orakel hatte sich also nicht getäuscht –, und früher oder später würde ihn der Erbe töten, «auf grausame Art».

Verzweifelt, voller Angst, doch ohne den Mut zu haben, das Blut eines Neugeborenen zu vergießen, ließ Akrisios die beiden in eine hölzerne Kiste sperren. Diese wurde vom Turm zum nahe gelegenen Strand geschafft. Akrisios trug die Kiste eigenhändig ans Wasser und stieß sie aufs offene Meer hinaus.

Am Strand von Serifos erblickte ein Fischer namens Diktys zwischen den Wellen eine Holzkiste. Sofort schwamm er hinaus und entdeckte darin ein junges Mädchen und ein weinendes Neugeborenes. Diktys hatte eine edle Seele,

auch er stammte aus einer noblen Familie; sein Bruder, der gefürchtete Polydektes, herrschte nämlich als König auf der Insel. So konnte Danae ein paar Jahre in Frieden auf Serifos, am Hofe des Königs leben, zusammen mit ihrem Sohn, dem sie den Namen Perseus gegeben hatte.
Doch Danaes Schönheit war eine allzu große Versuchung für die Männer, die viel Macht und wenig Skrupel besaßen, und so verliebte sich auch Polydektes unsterblich in sie. Danae erwiderte diese Liebe nicht, ihr einziger Gedanke galt Perseus, der zu einem starken und tapferen Mann heranwuchs, zum würdigen Sohn einer Gottheit. Die Schönheit und der Mut von Perseus verwirrten den Herrscher. Er war der zweite König, dessen Zorn von Mutter und Sohn entfacht wurde.
Um den Jüngling von der Mutter zu trennen, gab der listige Polydektes überraschend seine Heirat mit Pelops' Tochter Hippodamia bekannt. Seine Untergebenen ließ er wissen, er wünsche Rassepferde als Hochzeitsgeschenk. Perseus besaß keine Pferde, und da er seinem König dennoch gefällig sein wollte, versprach er ihm ein noch viel größeres Geschenk: das Haupt der Medusa.
Medusa war einst schön gewesen, doch als sie Athena beleidigt hatte, indem sie sich Poseidon in einem der ihr geweihten Tempel hingegeben hatte, hatte die Göttin sie in ein Monster verwandelt. Von da an hatte die Gorgo die langen Zähne eines Wildschweins und Schlangen statt Haaren. Ihre Hässlichkeit verwandelte jeden, dem sie in die Augen sah, in Stein, zu Felsen, zu Bergen.

So stach Perseus also erneut in See. Viele Gottheiten begleiteten ihn bei seinen Abenteuern, eine von ihnen war Athena. Die Göttin riet ihm, nicht in die Augen der Gorgo zu blicken, höchstens in deren Spiegelbild. Für sein Vorhaben wurden dem jungen Mann ein glänzendes Schwert und ein Helm geschenkt, der ihn unsichtbar machte. Mit dem Schwert der Titanen trennte Perseus das Haupt der Medusa und steckte es in einen Sack. Auf der Rückreise tropfte das Blut daraus, es gerann und schenkte dem geflügelten Pferd Pegasus Leben sowie den Schlangen, die die Wüste bevölkerten, den Korallen, die auf dem Meeresgrund versteinerten.

Perseus kehrte rechtzeitig zurück nach Serifos, um seine Mutter Danae zu retten, welche vor dem gefürchteten Polydektes geflohen war und sich im Hause des edlen Diktys versteckt hatte. Der Jüngling zog das Haupt der Gorgo aus dem Sack, und bei dem Anblick wurde der König zusammen mit seinen Höflingen auf der Stelle in Stein verwandelt.

Noch heute sagt man, die goldenen Felsen, die auf die Bucht von Serifos blicken, seien die Gesichter der Adligen, die durch den Fluch der Medusa versteinert wurden.

Als Danae und Perseus Serifos verließen, um endlich heimzukehren, flüchtete Akrisios schnell aus Argos und überließ ihnen sein Königreich. Viele Jahre später, als Perseus auf dem Höhepunkt seines Ruhms stand, wurde er zur Teilnahme an den sportlichen Wettkämpfen von Larissa in Thessalien eingeladen. Dort warf er mit solcher Kraft einen Diskus, dass dieser über die Ränge hinaus ins

Publikum flog. Ein alter Mann wurde verletzt und starb. Es stellte sich heraus, dass es sich um Akrisios handelte. Er hatte sich unter die Menge gemischt, denn er wollte unbedingt den berühmten Helden Perseus, seinen Enkel, aus der Nähe sehen.

Am nächsten Tag, abends um sechs, schwimme ich im nicht gerade klaren Wasser der Bucht von Livadi, beim Hafen von Serifos. Auf der Seite zum offenen Meer hin sind die Boote verankert, der Wind lässt sie auf den Wellen schaukeln. Ich schwimme zur Boje, dann zurück, bis ich wieder stehen kann. Am Strand sind nur zwei Menschen, Mutter und Kind. Die Mutter trocknet ihrer Tochter den Rücken ab, sie redet mit ihr, während sie ihr den Badeanzug abstreift, sie lächelt sie an, während sie sie anzieht. Wahrscheinlich gehen sie gleich essen, denke ich. Vielleicht ja zur *chora*. Sie bemerken mich gar nicht, wie ich allein im trüben Wasser schwimme, abgetaucht in diesen frühen Abend.

Paula wollte nicht mit, sie ruht sich aus, in dem einzigen

Zimmer, das wir nach langem Suchen und lauter mysteriösen Absagen noch gefunden haben. Es war wirklich schwierig, eine Unterkunft zu finden; seltsam, solche Probleme hatten wir auf den anderen Inseln nie gehabt. Als wir schließlich doch noch irgendwo unterkamen, im letzten Zimmer am Ende der letzten Straße von Livadi, legte sich Paula auf die kühle Terrasse und war ähnlich gut gelaunt wie am Vormittag, als Serifos so großartig am Horizont aufgetaucht war. Die besonders Neugierigen drängten sich an Deck, wie immer, wenn ein Schiff eine neue Insel ansteuert. Paula strahlte.

«Die Insel ist bestimmt umwerfend», sagte sie immer wieder.

Das Wasser klatschte gegen die Klippen, plötzlich stürmte die Menge zum Schiffsbug, gleich würde der Ort auftauchen. Wer noch nie hier war, hätte nicht sagen können, um welche Insel es sich handelte, aber Paula hatte irgendwo den Namen Serifos aufgeschnappt und war sich sicher, dass wir am Ziel waren.

«Ich finde, die Felsen hier sehen kein bisschen anders aus als die, die wir schon den ganzen Vormittag sehen.»

«Da ist das Dorf, schau mal!», rief sie begeistert.

Die *chora* von Serifos ist ein hell leuchtender Ring. Die Häuser aus weißem Kalkstein klettern in schwindelerregende Höhen hinauf zu einer Kuppe, auf der eine kleine Kapelle steht. Auf der anderen Seite wandern sie wieder nach unten und bilden Terrassen, den ganzen Hang entlang. Dann geht es weiter eine zweite, etwas kleinere Anhöhe hoch, mit weniger Kraft, die Häuser weitläufiger verstreut. Aus all dem Weiß sticht ein kleiner hellblauer Punkt heraus.

«Und das hellblaue Haus da?»

«Das ist das Haus eines Philosophen», meinte Paula scherzhaft.

Dann wurde sie plötzlich ernst, und mit einem ihrer sehr direkten, durchdringenden Blicke fragte sie:

«Carlo, bist du sicher, dass du hier aussteigen willst?»

In einer Schiffsagentur in Athen hatten wir uns nach langem Warten schließlich für Serifos entschieden, ohne dass wir vorher groß darüber diskutiert hätten. Und so hieß es jetzt aussteigen, ob man wollte oder nicht.

«Ich bin froh, dass wir uns so entschieden haben», sagte sie vor der Abfahrt. «Ich denke, es ist wichtig für uns.»

«Für *uns*?», fragte ich, ohne eine Antwort zu erwarten. Sie schien sich tatsächlich zu freuen.

Auf Deck setzte sich die Menge der heißen Sonne und dem lärmenden Wind aus. Paula schoss ein Foto nach dem anderen, mit leidenschaftlicher Begeisterung knipste sie den ganzen Film voll.

«Was hat Anna dir erzählt?», fragte ich, aber sie machte nicht den Eindruck, als wolle sie mir darauf antworten.

«Ich glaube, ich habe heute Nacht von ihr geträumt.»

An viel konnte sie sich nicht erinnern. Eine Wiege, das Meer. Sie hat wohl Geschichten aus meiner Kindheit mit dem Mythos von Serifos vermischt. Danae, Perseus, die Gorgo.

«Ich weiß, dass Anna dir etwas über uns erzählt hat.» So schnell gab ich nicht auf.

«Über *euch?*», fragte sie gereizt.
«Sie hat dir etwas gesagt, was du mir nicht sagen willst.»
«Stimmt», meinte sie. «Ich habe keine Lust, es dir zu sagen.»

Bei der Ankunft eines Schiffes füllt sich der Hafen jeder griechischen Insel sofort mit Hotelangestellten, die sich ihre Gäste angeln. Den größten Teil dieses Massenauflaufs bestreiten allerdings Einheimische, die während der Sommermonate Appartements oder Einzelzimmer an Touristen vermieten. Selbsternannte Reiseveranstalter kommen mit ihren Minibussen, krallen sich dein Gepäck, verstauen es auf dem Dach, packen auch dich ein, und los geht's. Sie besitzen die Selbstsicherheit eines Zauberkünstlers, der auf herumfliegende Tauben schießt in der Gewissheit, dass sie genau da landen werden, wo er sie haben will. Der ortsansässige Grieche dagegen ist schlechter organisiert, daher aufdringlicher, er muss mit größtmöglicher List die Beute in sein Heim locken. Und wenn er dieses Lächeln aufsetzt, darf man nicht vergessen, es ist das erste seit Monaten! Hat er einem erst einmal ein kleines Zimmer ohne Bad oder ein großes Bad mit zwei Betten angedreht, wird man kein zweites Mal in den Genuss dieses Lächelns kommen.
«Domatia? Domatia?»

Der Grieche stürzt sich ins Gedränge, um als Erster den Touristenstrom in Empfang zu nehmen. Er streitet mit dem unfähigsten, beschimpft den gewieftesten Kollegen. Er zerrt einen am Ärmel, damit man ihn beachtet. Äußerst unwirsch wird er, wenn man sein Angebot nicht auf der Stelle freudig annimmt, wenn man lästige Fragen bezüglich Größe des Zimmers, Blick, Zimmerreinigung oder Preis stellt. Und sollte man es wagen, sein Angebot auszuschlagen, wirft er einem Sätze an den Kopf, die man nicht versteht, und das weiß er sehr genau.

Vor der Abreise hatten wir uns bereits auf die Höchstgrenze für die Übernachtungskosten geeinigt. Paula zieht die Appartements auf der *chora* vor. Oder besser noch: die auf dem *castro*, der höchsten Erhebung. In der Regel bezahlen wir jede Übernachtung einzeln. Man kann ja nie wissen, ob uns ein Ort fesselt; schon nach kurzer Zeit können wir den Wunsch verspüren, zur nächsten Insel weiterzuziehen. Nach ein paar Griechenland-Urlauben haben wir mittlerweile doch so viel Erfahrung, dass wir in der Lage sind, einen guten Preis auszuhandeln. Sobald wir das Schiff verlassen, macht sich jeder auf die Suche, um die Chance auf eine perfekte Unterkunft zu erhöhen: ein hübsches Appartement, sauber, ruhig und nicht teuer. Mit Blick auf den Horizont.

«Domatia? Domatia?»

Die griechische Armee schreitet zum Angriff des kleinen ausländischen Heers, das völlig übermüdet und seit Tagen schlecht versorgt ist. Die Frauen sind entzückt vom Angebot an Männern, dasselbe gilt auch umgekehrt. Während

mir die Griechinnen also vor allem ihre Unbefangenheit verkaufen wollen, sehe ich, dass Paula ebenfalls von jungen Kerlen umringt ist, die mit breitem Lächeln mit Fotos und Prospekten in der Luft herumfuchteln; so manches Lächeln ist dabei breiter und listiger als das andere.
«Domatia?», fragte mich ein kleines Mädchen und drückte mir das Foto von einer Pension auf der *chora* in die Hand. Auf dem Foto sah das Zimmer perfekt aus, aber ich gab mich nicht sonderlich interessiert – nicht bevor sie mir den Preis nannte. Man sah, dass sie den Job noch nicht sehr lange machte, denn mit einem prüfenden Blick versuchte sie herauszufinden, wie weit sie gehen konnte. Sie nannte also einen Betrag, der im Grunde akzeptabel war. Und weil ich befürchtete, es dürfte ziemlich schwierig werden, etwas Besseres zu finden, bahnte ich mir einen Weg durch die Menge, um Paula das Foto zu zeigen.
Vielleicht bist du ja unter diesen Frauen, schoss es mir durch den Kopf. Vielleicht bist du ja hier, direkt vor mir, und ich erkenne dich nicht wieder.
«Paula, komm, ich habe etwas gefunden.»
«Gott sei Dank. Die verlangen hier völlig absurde Preise.»
Da hatte ich ja richtig Glück mit der kleinen Griechin, besonders geschäftstüchtig scheint die nicht zu sein, dachte ich.
«Irgendwie kommt es mir so vor, als machen sie das absichtlich und wollen gar nicht vermieten, zumindest nicht an mich!»
Seltsam, sonst hat Paula immer mehr Glück als ich. Ganz abgesehen davon, dass sie einen besseren Geschmack hat.

Wir gingen an der Menge vorbei zu dem Wagen, der uns zur Unterkunft bringen sollte. Das Mädchen ließ uns zuerst einsteigen und plumpste dann so schwer auf den Beifahrersitz, als wäre es ein Tier, dem wir brutalerweise seinen Winterschlaf geraubt hätten.

«Carlo, hast du das mit dem Typen mitbekommen?», fragte Paula. «Der hat einem anderen genau die Wohnung vermietet, die er kurz zuvor mir angeboten hatte. Und dann auch noch zum halben Preis!»

Leicht verwirrt stiegen wir also in den Wagen, der sich durch die herumbrüllenden Griechen kämpfte und in Richtung Promenade davonglitt.

«Er sah sogar ziemlich gut aus. Hast du ihn auch gesehen?» Sie schaute zurück, in der Hoffnung, ihn in der Masse auf der Mole zu entdecken. «Sag, hast du ihn auch gesehen, Carlo?»

Aber ich antwortete nicht. Ich musste ebenfalls an die Menschenmenge denken, und ich hatte das Gefühl, als hätte ich es versäumt, dich darin zu suchen, aus Angst, ich könnte dich tatsächlich entdecken.

«Der mit den Tätowierungen am Arm. Carlo, hast du ihn gesehen?»

«Ja, Paula, hab ich, hab ich!»

Der Fahrer lenkte den Wagen auf den Serpentinen den Berg nach oben, der, je höher wir kamen, im gelben Licht des Hafens immer schwärzer wirkte – und bedrohlicher, wegen der Schluchten, die unvermittelt auftauchten. Das Mädchen sagte kein Wort, doch das Schweigen passte gut zu einem Panorama, das mal Leere, mal wilde, kräftige Farben präsentierte. Die Insel war so unwegsam, dass mich die schroffe Art der Einheimischen nicht verwunderte, ganz im Gegenteil; sie wirkte ehrlich auf mich. Und das Schweigen unseres Fahrers passte ebenso gut zu dieser Insel, die genau so war, wie ich sie mir immer vorgestellt hatte: melancholisch und unerbittlich.
«Wie heißt du?» Paula fragte wohl weniger aus Neugier als aus reiner Provokation.

«Lesbina.» Mehr sagte das Mädchen nicht.
Während Paula laut über den Namen nachgrübelte, damit er sich für ein zukünftiges melancholisches Gefühl in ihrem Kopf festsetzte, nahm ich all meinen Mut zusammen und erkundigte mich nach dir. Das kann nicht sein, dass Lesbina dich nicht kennt, dachte ich.
Der Wagen hielt auf einer strahlend weißen Piazza unter dem dreckigen Schild einer Restaurant-Bar. Ein perfektes Beispiel übrigens für eine dieser Fallen – man hüte sich vor ihnen –, die die Griechen in Windeseile aufstellen, sobald eine Insel auch nur ansatzweise für Touristen interessant zu werden scheint. Das Problem der Griechen ist, dass sie den Ausländer für einen Fisch halten, der sofort und überall anbeißt.
Bevor wir überhaupt etwas sagen konnten, stürmte eine Frau in Pantoffeln auf die Piazza und brüllte Lesbinas Namen. Ein paar junge Mädchen mit verstrubbelten Haaren saßen am Eingang, direkt unter dem Schild. Und während die Frau in Pantoffeln Lesbina am Arm packte und in die Bar zerrte, starrten die Verstrubbelten uns an. Ausgerechnet uns, die es noch nicht einmal gewagt hatten, aus dem Auto zu steigen, vor lauter Verlegenheit und aus einer seltsamen Angst heraus. Kurz darauf waren auch wir in dem Lokal und saßen im Dämmerlicht eines leeren Speisesaals. Kein Wort der Entschuldigung, dass sie uns so lange warten ließen. Zwei Stunden später war Paula in der Dunkelheit des noch immer menschenleeren Saals eingenickt, ich beobachtete die schwarzen Katzen an der Tür, die um ein paar Fleischbällchen oder etwas Milch bettelten.

Ich weckte sie. «Paula? Komm, wir gehen.»
«Was ist los?», fragte sie, als sie zu sich kam.
«Sie sind ausgebucht. Lesbina hat sich entschuldigt, sie hat sich vertan.»
Der Nachmittag verfärbte sich in das Rosarot der Bougainvillea.
«Okay, aber erzähl mir nicht, sie hat sich entschuldigt», meinte Paula, die jetzt hellwach war. «Das glaube ich dir nicht!»
Natürlich war es gelogen: Lesbina hatte sich nicht entschuldigt. Sie waren auch nicht ausgebucht, da hatten wiederum sie mich belogen. Sie hätten uns doch nie so lange warten lassen, um uns dann wegzuschicken! Es hätte auch nicht die Szene zwischen Lesbina und ihrer Mutter gegeben, und überhaupt, die ganze angespannte Stimmung, die schiefen Blicke.
«Hier würde ich nicht mal umsonst essen, geschweige denn schlafen», war Paulas Kommentar.
Als wir uns im Abendrot entfernten, tauchte Lesbina in der Tür auf. Sie sah uns an, mit den Augen eines Mädchens, das ganz stolz auf seine Übeltat war, und enttäuscht, weil der Spaß schon so früh endete.
«Bin ich froh, dass wir nicht geblieben sind!», gestand Paula und drückte mich an sich. «Einen Moment lang hatte ich schon die Befürchtung, es würde doch noch klappen. Aber ich hätte in jedem Fall abgelehnt.»
«Jetzt suchen wir uns etwas Richtiges», meinte ich und drückte sie auch an mich.

Ich schwimme wieder ans Ufer. Der jetzt frische Wind wiegt die Bäume, sie sehen aus wie Köpfe, die ihre feuchte Mähne zum Trocknen herausstrecken. Oder wie Kreaturen, die mit ihren langen Armen versuchen, nach mir zu greifen, und dabei meinen Namen rufen. Schnell ziehe ich mich an. Paula wird sich schon fürs Abendessen umgezogen haben und auf der Terrasse warten. Die Unterkunft fanden wir nach einem Nachmittag intensiver Suche. Der Vermieter meinte noch, die Wohnung liege über einer Diskothek.

«Die spielen da schon Musik, aber erst nach Mitternacht. Und wenn sie nicht so viel getrunken haben, auch nicht besonders laut. In der Wohnung hört man sie zwar, aber nur sehr gedämpft. Und nur bis vier. Oder halb fünf.»

Eftimio – schon um diese Uhrzeit leicht angetrunken – hatte bloß Schiss, wir könnten nach einer schlaflosen Nacht unser Geld zurückverlangen. Gestern sei es ihm nicht so gut gegangen, erklärte er. Deshalb habe er heute beschlossen, nicht zu vermieten. Aber jetzt sei ihm das Geld sozusagen zugeflogen, da habe er sich nicht getraut, abzulehnen. Paula warf mir belustigte Blicke zu. Wir hatten das Glück, dem letzten Menschen zu begegnen, der – wie die alten Griechen – noch an Gastfreundschaft glaubt. Wir bedankten uns bei Eftimio und zahlten ihm genau den Betrag, den wir vereinbart hatten, bevor er uns die Schreckensnachricht von der Diskothek mitteilte. Rüstig und von Glück und Alkohol gleichermaßen beschwingt, ging er und zählte noch immer die Geldscheine, wobei er ganz vergaß, die hochheiligen Gäste zu verabschieden. Ich packte mein Badezeug, Paula stellte einen Liegestuhl auf der Terrasse auf, von der man überhaupt keinen Blick hat, da sie auf einen vertrockneten Garten geht. Bevor ich die Straße hinunter verschwand, wollte ich sie noch kurz grüßen, doch sie hörte mich nicht. Auf ihrem Liegestuhl sitzend, starrte sie grübelnd vor sich hin. Wer weiß, vielleicht dachte sie an die anstrengende Reise, an die sonderbaren Abweisungen, an Lesbinas ruppiges Verhalten. Oder an den Kerl mit den Tätowierungen.

Ich bin auf dem Nachhauseweg und schlendere die staubige Promenade von Livadi entlang. Ich nehme die breite Straße und schließlich die kleine Gasse, die zu dem vertrockneten Garten führt. Unterwegs suche ich Steine zum Wegspicken, im Sand finde ich bunte Scherben, seltsam geformte Steinchen, Muscheln.

«Carlo, du glaubst es nicht, er hat mir das Geld zurückgegeben!», ruft Paula und rennt völlig aufgelöst durch das jetzt aufgeräumte Zimmer.

Sie sagt, Eftimio war hier und hat herumgebrüllt, wir könnten nicht bleiben. Er hat ihr sogar beim Packen geholfen. «Ich helfe Ihnen, Signora, aber Sie müssen gehn!»

«Hast du ihm klargemacht, dass wir nicht wissen, wohin? Dass wir so spät nichts mehr finden werden?»

«Schlaft am Strand, hat er gesagt, aber nicht hier!»

Ich setze mich auf die Bettkante. Die gepackten Koffer stehen an der Tür.
«Ich habe ihn sogar gefragt, ob sie ihm gedroht haben», sagt Paula noch.
«Wie, gedroht?», frage ich zweifelnd.
«Er meinte, nein, aber ich glaube, das war gelogen. Vorher war nämlich jemand da und hat mit ihm geredet.»
«Und wer war dieser Jemand?»
«Carlo, was ist hier eigentlich los?»

«**Was** nehmen wir?»
Die Bar mit den riesengroßen Korbsesseln kommt mir vor wie die filmische Nachbildung eines kolonialen Domizils irgendwo in den Tropen. Vor uns steht der Kellner, seine Schürze ist mit Kaffee, Gemüse und roter Soße vollgekleckert, er sieht sich ungeduldig um, damit er endlich die Bestellung aufnehmen und sich wieder anderen Dingen zuwenden kann. Wir sind zwei Touristen in der Nebensaison und überdies Gäste, die seiner Meinung nach auch noch ziemlich spät aufgetaucht sind. Er hat dichte schwarze Augenbrauen, und seinem finsteren Blick – dem Blick eines Nachtmenschen – ist anzusehen, dass er wenig Sympathie für uns empfindet.
«Was nimmst du?», fragt Paula.

«Für mich einen Cappuccino.»
«Geht auch was weniger Kindisches?»
«Sehr heiß und ohne Schaum.» Ich bedanke mich bei dem Griechen, der nichts entgegnet, sondern den Blick auf Paula richtet. Sie hat sich noch immer nicht entschieden.
«Einen J&B …», damit reicht sie ihm die Karte. «Natürlich nur, wenn das möglich ist.»
«Es ist nicht möglich», meint der Grieche. Dem Ton nach wäre jetzt selbst ein Glas Wasser ein höchst exzentrischer Wunsch.
«Egal, dann eben einen Whisky», sagt Paula und wendet sich ab.
Der Kellner schwebt durch das Sessellabyrinth davon.
«Pur!», ruft sie ihm hinterher.

Allmählich wird es Abend auf Serifos. Ein Strahlenkranz aus Wolken filtert das Licht der Sonne, die hinter Livadi untergeht. Auch die Geräusche ringsum sind jetzt anders, als sorge der Sonnenuntergang für ein ganz spezielles Echo, warm, aber leer. Die Roller fahren gemächlich über die staubige Promenade, ihr Brummen ist noch lange zu hören. Vor uns lädt ein grüner Bus die Touristen aus, die vom Strand kommen. Amerikanische Pärchen traben zu den Restaurants, Engländer mit knallroten, ernsten Gesichtern machen sich auf den Weg zu ihrer Unterkunft.

Paula kramt hektisch in ihrer Handtasche, findet den Handspiegel und mustert sich. Sie bemerkt die violetten Schatten unter den Augen, die trockene Haut.
«Zum Glück bin ich von Natur aus schön, sonst sähe ich jetzt unmöglich aus», scherzt sie.
Sie meint, die Reise hat ihre Kräfte auf eine harte Probe gestellt. Sie kann es an ihrem Gesicht sehen, wie sehr ihr dieses ganze Chaos zusetzt.
«Was machen wir jetzt?», fragt sie und zeichnet ihre Lippen rot nach.
«Keine Ahnung ... Ein bisschen streiten?»
«Später vielleicht», sagt sie, als der Grieche mit dem Tablett ankommt. Dann greift sie schnell nach dem Glas und erhebt es. «Nach dem Whisky!»
In der Zwischenzeit hilft ein Mann, der ein Franzose sein könnte, einem Kind dabei, aus dem Bus auszusteigen. Lächelnd hält er ihm seinen sonnengebräunten Arm hin, der Junge streckt die Hand aus. Der Vater beugt sich zu ihm hinunter und flüstert ihm etwas ins Ohr. Während er spricht, grinst er und zerzaust liebevoll sein Haar. Hand in Hand spazieren sie auf der sandigen Promenade und verschwinden im gleißenden Licht des Nachmittags.
«Und worüber sollen wir streiten?» Paula sieht mich prüfend an.
Ich will jetzt endlich wissen, was Anna ihr in Brindisi am Hafen erzählt hat. «Es geht schließlich um mich. Um mein Leben.»
«Gehört dein Leben nicht auch mir?», scherzt sie.
Aber es ist nicht der richtige Moment für Scherze, die Lage

wird langsam ernst. Das weiß Paula genauso gut wie ich. Außerdem scheint sie schon wieder irgendetwas zu verschweigen.
«Der Typ, der vorher bei Eftimio war … Ich habe ihn kaum wiedererkannt.»
«Wahrscheinlich haben dich seine Tätowierungen zu sehr abgelenkt.»
«Eine Frau achtet bei einem Mann sicher nicht zuerst auf die Tätowierungen!», kontert sie und kippt einen weiteren Schluck Whisky hinunter.
«Weißt du was? Bleib du doch hier beim Gepäck, ich geh zur *chora.*» Ich stehe auf und lege das gesamte Geld, das ich bei mir habe, auf den Tisch.
«Du willst mich aber jetzt nicht ernsthaft hier allein lassen», sagt sie entrüstet.
«Allein lernt man am besten neue Leute kennen.»
«Allein werden sie von Minute zu Minute gefährlicher.»
«Je gefährlicher, desto nützlicher für uns.»
«Pass bloß auf, das könnte fatale Folgen haben», sagt sie abschließend und schlürft den letzten Rest aus dem Glas.

Auf dem Schotterweg kriecht der Sand in meine Sandalen, zwischen die Zehen. Er wandert die Knöchel hoch bis zu den Unterschenkeln. Aber ich schüttele ihn nicht ab wie Staub. Ich dulde ihn, als hätte er in dieser ganzen Geschichte irgendeinen Sinn, einen eigenen Geschmack. Ich steige in den klapprigen grünen Bus und nehme zwischen einer kleinen Touristengruppe Platz.

«Carlo!»

Ich drehe mich in die Richtung, aus der die Stimme kommt. Meine Augen suchen dich zwischen den griechischen Mädchen, ganz hinten in der letzten Reihe. Dabei ist es Paula, die gegen die Scheibe klopft. Ich werfe einen besorgten Blick auf unser unbeaufsichtigtes Gepäck.

«Bring ihn nach Serifos. Da ist alles, was er verloren hat ...»

Schnell öffne ich das Fenster, denn wir fahren gleich los.

«Das hat Anna mir gesagt. Aber frag mich nicht, was sie damit meinte. Ich habe keinen blassen Schimmer.»

Auf der Fahrt zur *chora* drehe ich mich unter immer neuen Vorwänden nach der letzten Sitzreihe um, von wo der ganz spezielle Klang der griechischen Sprache ertönt. Ich spitze die Ohren, könnte aber nicht sagen, ob die jungen Mädchen Touristinnen oder Einheimische sind. Eine von ihnen hat mein auffälliges Verhalten bemerkt und die anderen informiert. Jetzt grinsen mich alle an. Es gefällt ihnen wohl, einen Verehrer zu haben; ich dagegen finde es eher lächerlich, außer Schüchternheit und Aufdringlichkeit keine Alternative zu haben. Gerne würde ich mich woandershin setzen, neben sie, mich mit ihnen anfreunden, über Serifos reden, über Anna. Und über dich.

Dann gibt Anna also zu, dass sie sich schuldig fühlt, weil sie dich damals mitgenommen hat. Und jetzt, da wir uns wiederbegegnet sind, tut sie alles, damit ich ihr verzeihe, und schickt mich nach Serifos. Bestimmt rief sie dich von Brindisi aus an, erzählte dir von unserer Begegnung, wies dich an, auf die eintreffenden Schiffe zu achten, weil ich ganz bestimmt kommen würde. Ich frage mich, wie sie so sicher sein konnte, dass ich dich wiedersehen will. Nur, weil du so hübsch geworden bist? Warum sollte ich dich ausgerechnet jetzt treffen wollen und nicht früher? Vor Jahren schon hätte ich dir schreiben können, dich anrufen. Schon bei meinem ersten Griechenlandurlaub hätte ich kommen können, auch ohne jede Voranmeldung. Ich habe es nicht getan. Du hast dich nicht nach mir erkun-

digt, und ich habe dir nicht geschrieben. Und auf all den Reisen, die Paula und ich planten, habe ich Serifos immer ausgeklammert. Bis zum heutigen Tag habe ich dich nicht kontaktiert, warum sollte ich ausgerechnet jetzt Annas Aufforderung folgen?
Aber ich folgte ihrer Aufforderung. Ich ließ mich von Paulas wenigen Worten überreden, und schon waren wir auf der Insel. Jetzt bin ich hier, deinetwegen, aber du bist nicht da. Vielleicht rief Anna an, bestimmt rief sie an, aber sie erzählte nichts. Weil sie sicher war, dass auch dieses Treffen in der Luft hängen würde, wie auch die anderen in der Luft hingen, wie mein ganzes Leben in der Luft hängt, seit dem Tag, als sie aufgetaucht ist. Aber irgendetwas sagt mir, dass Anna dir von einer vagen Möglichkeit berichtete und du nach ihrem Anruf unten am Hafen warst. Nicht bei den anderen, sondern versteckt, um das tagtägliche Einlaufen der Schiffe zu beobachten. Ich sehe dich über allem wachend, auf einem Turm, wie eine echte Heldin, die nicht recht weiß, was sie von meiner Rückkehr halten soll, denn sie erscheint dir so unvermittelt und sinnlos. Ich sehe den Hafen vor mir, friedlich, und ich sehe dich, kühl, wie eine in Gold geprägte, zarte Figur.

Während von hinten das Gelächter der Griechinnen in meine Richtung dröhnt – man könnte sie ja überhören –, bin ich fest davon überzeugt, dass du mich nicht treffen willst. Du hast alle informiert, dass zwei Italiener kommen, an die man keinesfalls vermieten darf. Deshalb verlangten sie das Doppelte für die Zimmer, horrende Summen, die man einfach nicht akzeptieren kann. Aber wie's der Zufall so will, schnappte sich Lesbina aus Versehen oder aus Protest die zwei Ausländer und bot ihnen das Zimmer an. Und Eftimio ging dir auch noch durch die Lappen. Es gehe ihm nicht gut, hat er zu uns gesagt. Er war also nicht am Hafen, und so konnte er von dem Verbot auch nichts wissen. Aber dann zwang der Typ mit den Tätowierungen Eftimio, uns fortzujagen. Ich habe keine Zweifel mehr: Du willst mich nicht treffen.

Wieder betrete ich die Restaurant-Bar mit dem dreckigen Schild davor, die Verstrubbelte an der Kasse reißt entsetzt die Augen auf.
«Ich suche Senia», sage ich.
Sie steht auf und weicht zurück, als würde ich ihr gleich an die Kehle wollen. «Senia ist in Athen.» Ihre Stimme zittert. Sie lügt, trotz ihrer Angst. Ich drehe mich um, werfe einen Blick auf die wenigen Gäste, die gerade zu Abend essen, sie nutzt das und gleitet wie ein Aal aus dem Saal. Ich folge ihr über den Flur zu einer Schwingtür. Sie stürzt in die Küche, der Koch bleibt wie angewurzelt stehen, eben noch hat er in dem großen Topf die Soße umgerührt, jetzt hält er starr den Holzlöffel in der Hand, große rote Tropfen platschen auf den Fußboden. An einem alten, wa-

ckeligen Tisch sitzt Lesbinas Mutter und richtet Gemüse auf Tellern an.
«Was willst du?» Vermutlich ist das ihre Frage, ich bin nicht ganz sicher, denn sie stellt sie auf Griechisch.
«Ich suche Senia.»
Als sich der Koch von dem ersten Schreck erholt hat, lässt er den Holzlöffel sinken. Sein Interesse für die Küche, das schon vorher eher gering war, geht jetzt gegen null. Ein beißender Gestank sagt mir, dass Calamari und Knoblauch gerade im Öl anbrennen.
«Senia ist in Athen», meint die Frau, während der Koch zwei Calamari aus der Pfanne fischt, auf einen Teller schleudert und ihn der Bedienung gibt. Auch sie sieht sich lieber die Szene an, bleibt mit dem Teller in der Hand einfach stehen, die Calamari fristen halb vertrocknet ihr Dasein auf dem kalten Keramikteller.
«Warum habt ihr uns das Zimmer nicht vermietet?» Ich schlage dabei einen so aggressiven Ton an, dass die Kellnerin zurückweicht.
«Wir sind ausgebucht, das habe ich dir doch schon gesagt.»
Ich drehe mich um, reiße die Schwingtür auf, stampfe über den Flur bis zum Speisesaal. Lesbinas Mutter springt auf und rennt mir nach. Sie droht mir mit etwas, was ich nicht verstehe. Vielleicht sagt sie, dass ich da nicht hoch darf, dass ich dazu kein Recht habe, dass es nicht mein Haus ist. Sie brüllt, als hätte ich vor, eine heilige Stätte zu entweihen. Aber wenn ich mich so umschaue, bin ich mir ziemlich sicher, dass Paula in dieser Bruchbude

keine Sekunde geblieben wäre. Ich halte nach der Treppe Ausschau, finde sie und gehe nach oben in den ersten Stock.
Ein Gast hat beim Duschen das Gemeinschaftsbad überschwemmt, es ist glatt im Flur. Ich halte mich an der Wand fest, um nicht auszurutschen. Die matten, geblümten Fliesen sind von schwarzen Fußspuren verschmutzt. Die Zimmer scheinen alle leer zu sein. Die, die vermietet sind, erkennt man an den benutzten Handtüchern an den Türen. Sie stehen einen Spalt offen, das sorgt zumindest für einen leichten Durchzug in der Schwüle des Nachmittags. Alle übrigen Zimmer wären frei, aber natürlich nicht für uns! Ganz hinten im Flur sehe ich in einer Ecke einen braunen Kopf auftauchen. Ich will schon nach dir rufen, doch als sich das Mädchen zu mir dreht und mich ansieht, erkenne ich eine der Verstrubbelten von heute Morgen wieder.

Lesbinas Mutter geht mit mir die Treppe wieder nach unten. Ich bin noch gar nicht draußen, da hängt sie schon am Telefon und will einen gewissen Stellianos sprechen. Sie wirkt extrem genervt, als hätte man sie da in eine Sache verwickelt, mit der sie im Grunde nichts zu tun hat.
«Wer ist Stellianos?», frage ich Lesbina, die vor der Kirche auf der Treppe sitzt, gleich gegenüber dem Lokal.

«Stellianos ist mein Bruder.»
Um mich loszuwerden, hat die Frau also ihren ältesten Sohn um Hilfe gerufen. Aber von Stellianos keine Spur, ich bleibe ruhig, fühle mich unbesiegbar. Das Einzige, was diese Erinnyen erreicht haben, ist, dass ich noch mutiger, fast tollkühn geworden bin. Ich stelle meine Frage – die einzige, auf die ich ernsthaft eine Antwort haben möchte.
«Senia ...», antwortet Lesbina zögerlich. «Senia ist in Athen.»

Der Bus rollt nach Livadi, kreuzt dabei die ersten Schatten des Abends. Aus dem Radio ertönt ein Lied, das sich nach einem alten griechischen Volkslied anhört. Ich schließe die Augen, sie sind von den vielen Eindrücken überfordert. Zu viele Klippen über dem Meer, zu viele Bilderbuchpanoramen. Es war naiv von mir, Annas Aufforderung nachzukommen, denke ich. Sobald du wusstest, dass ich kommen werde, bist du überstürzt abgereist. Athen ist ein Zufluchtsort, damit du mich nicht sehen und nicht mit mir reden musst. Damit du nicht ein zweites Mal das leben musst, was wir das erste Mal schon nicht gelebt haben.

«Brauchst du ein Taschentuch?», fragt die Amerikanerin neben mir. Ich nehme es gerne an. «Erzähl mir nicht, dass

du den Ausblick genießt. Mir ist richtig schwindelig. Griechen am Steuer sind echte Spinner. Die denken wohl, sie sind in einem Gangsterfilm!»
Stimmt. Der Busfahrer fährt, als wären wir Kriminelle, die er von einem Gefängnis ins andere transportieren muss.
«Und die Jugendlichen? Die sind noch schlimmer als die Erwachsenen, ist dir das schon mal aufgefallen? Eigentlich müsste ich nur noch heulen, weil ich den Fehler gemacht habe, mich in einen Griechen zu verlieben.»
Ich weiß nicht, ob ich die Geschichte, die die Amerikanerin mir erzählt, dramatisch oder lächerlich finden soll. Mit zwanzig hat ihr Sohn herausbekommen, dass der Mann seiner Mutter gar nicht sein Vater ist. Sie hat es einfach nicht länger ausgehalten und alles gestanden. Zum Glück sind sie Freunde geblieben – die besten Freunde der Welt, sagt sie.
«Und diesen Sommer wurde der Junge plötzlich so neugierig auf seinen echten Vater, dass ich ihn vor zwei Tagen mit nach Griechenland genommen habe. Sie haben bisher kein Wort miteinander gewechselt!»
Aber sie wollte nicht so schnell aufgeben. Sie ließ die beiden einfach allein auf Naxos und fuhr hierher, nach Serifos; die Insel kannte sie noch nicht. «Wunderschön hier, findest du nicht? Ich glaube, wir sind da. Na dann, ciao! Wir sehen uns bestimmt mal wieder, ich esse abends immer auf der *chora*.»
Das Essen in dem Restaurant auf der Piazza sei schlecht, aber von dort habe man den schönsten Ausblick, erklärt sie.

«Schließlich ist es das, was uns an Griechenland interessiert: der Blick, nicht das Essen, stimmt's? Und weil sie für die Aussicht nichts verlangen können, kostet das Abendessen eben doppelt so viel. Fürchterlich, diese Griechen, und trotzdem lieben wir sie! Ist doch so, oder?»

Ich steige an der Endstation aus und überquere die Straße, wo ein kleiner Lieferwagen den gelben Staub aufwirbelt. In der Kolonialbar, die jetzt ziemlich überfüllt ist, sehe ich keine Paula mehr. Der Kellner flitzt beschwingt zwischen den Tischen hindurch.

«Deine Mutter ist nicht hier», sagt er, ohne mich anzuschauen.

Ich folge ihm nach drinnen und erkläre ihm, Paula sei nicht meine Mutter.

«Hat sie nicht gesagt, wo sie hingeht?»

«Ich habe sie nicht danach gefragt.»

«Aber sie kann doch nicht das ganze Gepäck allein tragen!»

«Sie war auch nicht allein», sagt er mit einem breiten Grinsen auf dem Gesicht.

Ich schlendere die Strandpromenade entlang, wo alles begann. Wer weiß, wo Libero Anna wohl zum ersten Mal gesehen hat. In welcher Bar. Vielleicht an der Bushaltestelle? Wo haben sie zum ersten Mal miteinander gesprochen, in welcher Sprache, was haben sie sich erzählt? Anna hatte gehofft, ihren italienischen Ehemann an diese staubige Promenade hier binden zu können. Als sie dann in Italien war, musste sie immer wieder genau daran denken. Ich glaube, ich verstehe sie sehr gut, obwohl ich eben erst angekommen bin. Der Wind, die Wellen, die Musik, all das steht für Sehnsucht. Für Freude und für Schmerz.

Oben, auf der Terrasse der Ocean Bar, sitzt Paula an einem Tisch, auf dem mehr als ein Glas steht. Neben ihr sitzt der Grieche von heute Vormittag.

«Carlo, entschuldige, dass ich die Kneipe gewechselt habe.»

«Wie ich sehe, gab es dafür einen Grund», sage ich, und mein Blick wandert zu dem Kerl mit den Tätowierungen.

«Köstlich! Schmeckt er dir?»

Der Grieche streckt mir eine Hand entgegen, ich erschrecke vor seinen nervösen Fingern, die wie die Flügel eines Vogels flattern.

«Stellianos ...», sage ich und drücke dabei den kleinen Flügel.

«Woher weißt du das?», fragt Paula und stellt vor Schreck ihren x-ten Drink auf den Tisch. In dem rosaroten Glas stoßen die Eiswürfel sanft aneinander.

«Wir haben uns schon am Hafen gesehen», sage ich zu Stellianos, der mir einen Stuhl hinschiebt.

«Am Hafen?»

«Warst du nicht am Hafen und hast Zimmer vermietet?» Ich setze mich.

«Daran erinnere ich mich nicht.»

«Paula erinnert sich sehr genau. Du hast sie schwer beeindruckt.»

«Auch nicht mehr als dich», betont sie.

«Nicht mehr, aber mit Sicherheit auch nicht weniger», betone ich wiederum.

Stellianos macht nicht den Eindruck, als könne er Sinn und Zweck unserer Wortgefechte verstehen. «Gestern oder heute?», fragt er.

«Gestern oder heute?» Ich gebe die Frage an Paula weiter.

«Ich würde mal sagen, das ist ziemlich egal», antwortet sie und steckt sich eine Zigarette an.

«In Griechenland ist jeder Tag wie der andere», meint Stellianos.

Paula nickt, was so viel heißt wie «Siehst du?». Die Rauchkringel gehen ineinander über und schweben von der Terrasse hinaus ins Leere.

«Du wolltest von uns das Doppelte für das Zimmer», sage ich, damit er sich erinnert.

«Ihr Touristen denkt immer, wir Griechen werfen euch die Appartements hinterher. Das Zimmer kostet so viel, wie es kostet!»

«Ist doch klar, dass sie sich geschickt anstellen, wenn's ums Geschäftemachen geht. Wir tun das offensichtlich nicht», erklärt Paula und dreht dabei die Zigarette im Aschenbecher hin und her.

«Serifos ist nicht besonders gut erschlossen. Das ist kein Ort für Ausländer.»

«Wir und Ausländer? In Griechenland?», scherzt sie. «Willst du uns beleidigen?»

Stellianos lächelt.

«Schade. Ich hatte gehofft, ihr würdet das Problem vielleicht mit einem Duell lösen!»

«Wobei ich mir gar nicht mal so sicher bin, auf wessen Seite du wärst», entgegne ich.

«Wenn du das noch immer nicht weißt, wirst du's nie wissen.»

In der Ocean Bar ist die Musik jetzt so laut, dass es selbst auf der Terrasse anstrengend wird, sich zu unterhalten. Aber die Touristen scheint das nicht weiter zu stören. Sie schwenken Cocktails in knalligen Farben, werfen lächelnde Blicke auf die tausend kleinen Lichter, die an der Promenade aufblitzen.

«Ich geh dann mal», sagt Paula und erhebt sich. Und schickt noch hinterher: «Natürlich nur, wenn's dir nichts ausmacht.»

«Es macht mir nichts aus, wenn du mir – zumindest diesmal – sagst, wohin du gehst!»

«Ich gehe dahin, wo eine Frau hingeht, um sich frisch zu machen.» Sie entfernt sich und zieht dabei die Jacke eng um ihre Taille zusammen.

Stellianos sieht sie mit verliebten Augen davonschweben. Erst jetzt nehme ich seine Tätowierungen auf den gebräunten Armen wahr.

«Hast du sie zum Trinken angestiftet?», frage ich.

«Paula hat mir nicht gesagt, dass sie nicht trinken darf.»

«Wenn sie's dir nicht gesagt hat, sag ich es dir jetzt.»

«Gut, dann weiß ich ja Bescheid.»

«Und weißt du auch, warum wir auf dieser Insel kein Zimmer finden?»

«Das wundert mich, es ist keine Hochsaison.»

«Sag mir lieber, wer uns hier nicht haben will!»

«Da bin ich der falsche Ansprechpartner», sagt er. «Ich darf darüber nicht reden.»

Wir laufen einen dunklen Pfad entlang. Stellianos geht voran, er bahnt sich seinen Weg durch Schilf und Gestrüpp. Es wimmelt von Mücken. Ich schleppe auch noch Paulas Gepäck, denn sie jammert, sie sei müde.
«Ich schlafe gleich im Stehen ein», sagt sie, kurz bevor ihre weißen Schuhe im Schlamm versinken.
«Du schaffst das schon. Stellianos hat uns versprochen, dass er uns zu seiner *reggia* bringt.»
«*Reggia*? Sag ihm, mir reicht schon die erstbeste Grotte, die wir finden.»
Die Unterkunft ist eine alte Hütte, bei deren Anblick wir verstummen. Hätten wir außerdem geahnt, dass wir die ganze Nacht gegen einheimische Stechmücken ankämpfen müssen, hätten wir mit Sicherheit lieber am Hafen auf die erstbeste Fähre gewartet.
«Die Vorhänge sind gar nicht mal hässlich», scherzt Paula. Wie Erhängte baumeln die fleckigen Fetzen vor den schmutzigen Fenstern.
«Wenn sie dir gefallen, kannst du sie gerne mitnehmen», sagt Stellianos.
«Und was krieg ich dafür?»
«Ich habe euch doch schon eine Unterkunft besorgt.»
«Nachdem du dich bei allen anderen quergestellt hast», füge ich hinzu.
Stellianos hat uns eine Nacht in der *reggia* zugesagt, unter der Bedingung, dass wir morgen vor Sonnenaufgang mit der ersten Fähre wieder verschwinden.
«Ihr solltet mir eigentlich dankbar sein. Senia will nicht, dass ich das Haus vermiete. Sie liebt diesen Ort», sagt er.

Mir verschlägt es fast den Atem.
«Sie mag die Geräusche, die man nachts hier hört, die Laute der Tiere.»
Paula lehnt das schmutzige Fenster an. «Soll ich es schließen und ersticken oder es lieber offen lassen und von den Mücken zu Tode gestochen werden? Was meinst du, Stellianos?»
«Stimmt, irgendwie wohnen alle Mücken von Serifos ausgerechnet in meinem Garten.»
«Ich mache es lieber zu», beschließt sie. «Auch wenn sie es im Moment eher auf dich abgesehen haben», dabei zeigt sie auf zwei Beulen, die sich auf meiner Stirn zusehends vergrößern.
Ich trete ans Fenster, um mich in den dreckigen Scheiben zu spiegeln. Mein Blick versinkt in der Vegetation, durch die jetzt kein Funke des silbern schimmernden Hafens mehr dringt. Du liebst dieses Haus, denke ich, diese *reggia* mitten im Wald. Und ich bin hier, genau hier, nachts, wenn du es am meisten liebst. Ich will allein sein. Ich will jetzt mit keinem reden. Ich will in diesem knarrenden Bett schlafen, unter den fleckigen Vorhängen vor den verdreckten Fenstern. Die Mücken sind mir egal.

Ich liege auf dem Bett, ein Kissen unterm Kopf, Paula setzt sich neben mich. Sie hat einen Schuh ausgezogen und massiert sich den Fuß. Sie bringt es fertig, ohne Scham ganz intime Dinge vor Wildfremden zu tun. Ich bin solche Darbietungen ja schon gewohnt, aber Stellianos steht wie hypnotisiert da, er klebt an der Tür und schweigt – dem, was wir sowieso schon wissen, ist nichts mehr hinzuzufügen: Das ist unsere Unterkunft, aber nur für eine Nacht. Das ist das knarrende Bett, es ist nicht bezogen. Das ist das Bad. Und morgen müssen wir vor Sonnenaufgang mit dem ersten Schiff verschwinden.
«Sind die Strände hier schön?», fragt Paula.
Stellianos antwortet wie aus der Pistole geschossen: «Wunderschön.»
«Fast wäre es mir lieber gewesen, du hättest das Gegenteil gesagt», sagt sie mit übertriebener Enttäuschung. «Was meinst du, welcher könnte mir besonders gut gefallen?»
Er überlegt. «Ich glaube, Livadakia.»
«Schade, dass du ihn nicht sehen kannst», rufe ich ihr in Erinnerung.
«Schade, dass er mich nicht sehen kann», korrigiert sie mich.
Stellianos scheint das weniger auszumachen. «Auf der nächsten Insel habt ihr bestimmt mehr Glück.»
«Ziemlich unwahrscheinlich, gleich zweimal hintereinander so viel Pech zu haben», sagt sie.
«Serifos ist phantastisch, aber die anderen Inseln sind auch schön», sagt Stellianos, doch Paula unterbricht ihn gleich wieder:

«Und was gäbe es Schönes zu sehen? Wo würdest du uns hinführen, wenn du uns nicht loswerden müsstest?»
«Ich? Euch loswerden?»
«Bist du nicht so eine Art Befehlshaber hier auf der Insel?»
«Nein, ich sicher nicht! Wenn's nach mir ginge ...»
Der Wind bläht die fleckigen Vorhänge auf, sie berühren fast Paulas Kopf, sodass sie erschrocken hochfährt. Dann bohrt sie weiter:
«Warum, meinst du, könnte Livadakia mir gefallen?» Wieder geht sie zu dem schmutzigen Fenster und lehnt es an.
«Wenn du willst, führe ich dich hin.»
«Jetzt?»
«Jetzt.»
Ich sehe Paula an, Paula sieht mich an. Wenn sie eines dieser Insekten wäre, deren Augäpfel stark hervortreten, könnte ich jetzt die totale Verlegenheit darin erkennen.
«Jetzt sofort? Ich weiß nicht.»
«Ich würde es nicht tun, aber wenn du willst, dann geh ruhig», sage ich.
«Ich will nur, wenn du auch willst», damit dreht sie sich zu mir.
«Ich will, dass du gehst, aber ich würde lieber hierbleiben.»
Ich schließe die Augen, denn das gelbe Licht von der Deckenlampe stellt meine Photophobie auf eine harte Probe.
«Willst du wirklich, dass ich gehe?»
«Ich will nur, wenn du auch willst», äffe ich sie nach.
«Wenn es mir nicht gefällt, werde ich enttäuscht sein, und wenn es mir gefällt, werde ich traurig sein, dass wir abreisen.»

«Wie du siehst, meint es das Leben schlechter mit mir als mit dir», scherzt sie später, als Stellianos schließlich abzieht.

«Gehört dein Leben nicht auch mir?», gebe ich zurück.

Was ich mir eigentlich dabei gedacht habe, fragt Paula und legt sich ins Bett, sie an einen verlassenen Strand zu schicken, nachts, und noch dazu mit einem Wildfremden! Im dunklen Zimmer hängt jetzt der Duft ihrer Creme, die sie in großen Mengen aufgetragen hat. Ihrer Meinung nach hält das die Mücken fern – wenn schon nicht von uns beiden, dann zumindest von ihr.

«Wer weiß, vielleicht wärst du ja gerne gegangen», entgegne ich. «Stehst du wirklich auf ihn?»

«Er sieht sehr gut aus, das habe ich ja gleich gesagt. Aber das ist es nicht, was mich fasziniert.»

Ich frage nicht nach, was es ist, ich kann es mir sowieso schon denken. «Ich hatte gehofft, er könnte dir vielleicht etwas sagen, was er mir nicht sagen will.»

«Hör mal, wir sind hier im Urlaub! Außerdem bin ich nicht deine Spionin.»
«Du wolltest doch unbedingt nach Serifos! Da könntest du dich jetzt wenigstens erkenntlich zeigen.»
«Deshalb gehe ich noch lange nicht nachts an einem einsamen Strand spazieren, mit einem Griechen, den ich überhaupt nicht kenne und der womöglich ein Massenmörder ist.»
«Ich bin mir ziemlich sicher, dass er das deiner Meinung nach nicht ist.»
Sie lächelt mich an. Dann dreht sie sich zu mir und versucht es mit einer zärtlichen, durch und durch cremigen Berührung. «Wenn ich mich wirklich erkenntlich zeigen soll, dann bitte mich doch um etwas anderes.»
«Morgen. Im Moment fällt mir leider nichts ein.» Dann drehe ich mich weg, quetsche mich auf die kühlere Seite der Matratze, mein Knie scheuert an der unverputzten Wand.

Wir reden schon eine ganze Weile nicht mehr, doch ich merke, dass auch Paula nicht schlafen kann; nervös dreht sie sich von einer Seite auf die andere, dabei quietscht der alte Lattenrost. Durchs Fenster dringt ein warmer Wind, in dem sich die Vegetation leise wiegt. Ich lausche den Geräuschen der Nacht, den Lauten der Tiere.

«Aber wenn Senia gar nicht mehr da ist, warum wollen sie uns dann noch immer von der Insel jagen?», murmelt Paula.

Du bist nach Athen geflohen, denke ich, nachdem du erfahren hast, dass ich mit einer Frau komme, die meine Mutter sein könnte – es aber nicht ist.

«Vielleicht weil ... je länger wir bleiben, desto länger kann sie nicht nach Hause?», sinniert sic weiter.

Ich habe weder Lust noch die Kraft, etwas zu entgegnen. Wie eine wichtige, fast penetrante Botschaft nehme ich Paulas Sätze passiv entgegen.

«Wie lange ist das eigentlich schon her?» Sie will und will nicht aufhören. «Wahrscheinlich ist sie verheiratet und hat Kinder. Wenn mehr Zeit gewesen wäre, hätte Anna dir das bestimmt auch noch erzählt.»

Ich begreife nicht, warum Anna mich nach Serifos schickt, wo sie doch weiß, dass du dein eigenes Leben hast, einen Mann, Kinder, und von mir nichts wissen willst!

«Du müsstest sie eigentlich verstehen. Sie wollte sich nur erkenntlich zeigen, damit man ihr verzeiht.»

Im Halbschlaf vernehme ich vage Geräusche von nebenan. Kurz darauf werden sie deutlicher, vielleicht auch, weil ich jetzt hellwach bin. Paula ist neben mir, sie schläft auf der Seite. Ihre Brüste liegen weich übereinander, die Brustwarzen sind groß und verschlafen. Bei Sonnenaufgang hat mich die extreme und für diese Uhrzeit ziemlich unnatürliche Hitze geweckt. Ich bin wieder zum Fenster gegangen, anscheinend hat der Wind aufgehört, das Schilf zu peitschen. Ich habe mich komplett ausgezogen und wieder hingelegt. Ich schließe die Augen und versuche erneut einzuschlafen, als der Türgriff schnell heruntergedrückt wird und die Tür aufspringt. Eine der Verstrubbelten von gestern taucht auf, sie scheint überrascht, hier jemanden anzutreffen. Sofort verschwindet sie wieder. Sicher führen die Griechen wieder irgendetwas im Schilde. Dann denke ich, sie wollen uns nur wecken, damit wir ja nicht die Fähre verpassen, die in knapp einer Stunde fährt. Ich stehe auf. Öffne die Tür. Gehe in die Küche. Niemand. Als die Verstrubbelte hinter der Tür auftaucht, stößt sie einen Schrei aus und verbirgt das Gesicht in ihren Händen. Ich hatte ganz vergessen, dass ich völlig nackt bin.

«Tut mir leid, tut mir leid!», sage ich und suche nach etwas, womit ich mich bedecken kann.

Ich finde nichts, und so eile ich zum Tisch und setze mich.

«Nein, mir tut es leid», sagt sie und versucht, möglichst nicht loszulachen. Jetzt, da ich sitze, nimmt sie eine Hand von ihren Augen.

«Habe ich dich geweckt?», fragt sie.

Dann lässt sie auch die andere Hand sinken, und ihr Gesicht wird erkennbar.

«Ich hatte nicht damit gerechnet, dass hier jemand ist. Ich gehe gleich wieder.»

Ich will nicht, dass sie gleich wieder geht. «Wollen wir einen Kaffee trinken?», frage ich.

Sie sagt, als sie ins Schlafzimmer kam – sie bittet nochmals um Entschuldigung –, hat sie sich gleich gedacht, dass wir Italiener sind.

«Ich habe noch viele Erinnerungen an Italien», sagt sie.

Sie schiebt die Ärmel hoch. Dreht den Hahn auf. Lässt das Wasser laufen. Holt die Espressomaschine vom Regal, dann Kaffeepulver, Tassen, Zucker. Sie bemerkt gar nicht, dass ich sie anstarre, fasziniert von ihren Rundungen, die leicht in ihrem Kleid hin- und herschaukeln wie Wellen.

«Lebst du hier?», frage ich stotternd. «Auf Serifos?»

«Ja, auf Serifos. Serifos ist wunderschön, findest du nicht?»

«Das bisschen, das ich gesehen habe, gefällt mir sehr.»

«Aber im Winter sind wir in Athen. Im Winter gibt's hier keine Arbeit.» Sie sagt, noch bis vor wenigen Jahren waren auch im Sommer nicht viele Touristen hier. Dann kamen die Franzosen. Und seit kurzem auch die Italiener.

«Warum hat Stellianos euch hier untergebracht? Das Haus vermietet er eigentlich nie. Hat er euch wenigstens frisches Bettzeug gegeben?»

Ich sage, wir seien gestern Abend viel zu müde gewesen und hätten ganz vergessen zu fragen.

«Von allen Häusern, die Stellianos hat, ist das hier mein Lieblingshaus.»

«Senia?»

Aber du drehst dich nicht um. Du wäschst deine Hände unter dem fließenden Wasser.

«Woher weißt du, wie ich heiße?»

Du stellst die Espressomaschine auf den Herd und zündest das Gas an. Jetzt drehst du dich zu mir. Du trocknest deine Hände am Geschirrtuch ab. Dann siehst du mich an.

«Kennen wir uns?»

«Komm», sage ich. «Setz dich.»

Und während du dich näherst, tanzt dein Körper im Kleid. Sie werden nicht zu einer Einheit, Körper und Kleid, sondern bleiben voneinander getrennt, als hinge der Stoff über einer Statue.

Du holst dir einen Stuhl und setzt dich mir gegenüber.

Du starrst mich an, dann sagst du: «Ich erinnere mich nicht», was vermutlich nicht heißt, dass du dich nicht erinnerst, sondern dass dir die Erinnerung entgleitet. Sie ist nur vage, nicht richtig präsent.

«Ist Jahre her, dass ich in Italien war.»

Immerhin bringst du mich jetzt schon mit Italien in Verbindung; ich bin also nicht einer der unzähligen Touristen, die Stellianos' Ferienwohnungen mieten.

«Bist du Carlo?»

Und gleich im Anschluss: «Warum bist du hier?»

«Ich habe Anna in Brindisi getroffen. Sie hat gesagt, ich soll hierherkommen.»

Du fährst dir mit der Hand über das Gesicht. «Das kann nicht sein, ich fass es nicht!»

«Wusstest du nicht, dass ich komme? Hat Anna dir nichts gesagt?»

«Seit ihrer Abreise habe ich nichts von ihr gehört.»

«Ich dachte ...»

«Was dachtest du?», fällt sie mir ins Wort.

Ich atme einmal tief durch.

«Wir hatten echt Probleme, ein Zimmer zu finden ...» Ein fürchterlicher Lärm lässt mich hochfahren. Es ist das Sonntagsläuten.

«Du musst gehen, Carlo», sagst du und stehst auf. «Wenn dir jemand gesagt hat, dass du hierherkommen sollst, hat er sich getäuscht.»

«Ich dachte mir schon, dass du mich nicht sehen willst.»

«Hätte ich dich nicht sehen wollen, wäre ich sicher nicht hier.»

«Und warum bist du hier?»
«Ich komme gerade aus Athen.»
«Bist du dort gewesen, um mir nicht zu begegnen?»
«Ich habe doch schon gesagt, ich wusste von nichts!» Du stockst.
Dann sagst du: «Carlo, hat mich gefreut, dich wiederzusehen, aber du musst jetzt gehen.»
Du nimmst deine Sachen. Die Strickjacke, die über dem Stuhl hängt, die Strohtasche.
Ich frage, ob wir zusammen ein paar Schritte gehen wollen. «Nur ein Stückchen.»
«In Ordnung», sagst du.
«Ich möchte gern nach Livadakia.»
«In Ordnung», sagst du.
Ich eile ins Schlafzimmer und suche meine Badehose. Gar nicht einfach bei dem Durcheinander aus Klamotten, Unterwäsche, Reiseutensilien. Ich finde sie, stecke sie ein und stehe wieder in der Küche. Aber du bist schon gegangen, die Haustür steht einen Spalt offen.

Du bist weg, damit man uns nicht zusammen sieht, denke ich. Du bist schon vorgegangen und wartest in Livadakia auf mich. Jetzt stehe ich wieder im Schlafzimmer. Paula schläft. Ein Bein hängt von der geblümten Matratze. Vor dem Schlafengehen hat sie sich nicht abgeschminkt, aus ihren Augen sind lange Tränen voller Schminke geronnen. Ich suche nach einem Blatt Papier, um ihr mitzuteilen, dass wir es nicht schaffen werden, frühmorgens abzureisen. Aber bei dem Gedanken, du könntest es dir womöglich anders überlegen und nicht auf mich warten, stürze ich aus der *reggia*, schlage mich durchs Schilf und erreiche die staubige Promenade. Alles hier ist in ein warmes Morgenlicht getaucht. Der gelbe Sand am Hafen ist jetzt aus hellem Gold. Und aus hellem Gold sind auch die Restaurantschilder, die Fassaden der Pensionen, die Haustüren, Windschutzscheiben und Schiffsflanken. Und die Wellen des Meeres – eines ruhigen Meeres, still und schläfrig. Ich gehe an der Kolonialbar vorbei, um diese Uhrzeit sind alle Lokale geschlossen, wie hypnotisiert blicken sie aufs Wasser. Die wenigen Fischer auf der Mole flicken ihre Netze, in den Eimern ringen metallisch schimmernde Fische mit dem Tod. Eine alte Frau in Schwarz trottet zur Kirche, eine kehrt den Eingang, eine andere stellt einer Katze etwas Wasser hin. Wieder eine andere sitzt da, reglos wie ein Orakel, sie scheint mir mit den Augen zu folgen, wie ich nach Livadakia renne. Du wartest wahrscheinlich unter einem schattigen Baum auf mich oder in der Wärme der ersten Sonnenstrahlen. Vielleicht hast du ja auch beschlossen zu baden, und wenn ich kommen werde, wirst du schon im Wasser sein. Ich werde mich ebenfalls ausziehen und in das goldglänzende Meer steigen. Ich werde dir von früher erzählen. Ich werde sagen, sie hätten uns nicht trennen dürfen. Zumindest nicht so plötzlich und nicht für so lange. Wenn sie uns gebeten hätten, das Geheimnis für uns zu behalten, hätten wir das getan. Aber sie haben uns nicht vertraut und sich für die schlimmste aller Strafen entschieden: Sie haben sich getrennt, um uns zu trennen. Aber an dem Tag, als Anna dich mitnahm, rächte ich mich. Ich rannte zu meiner Mutter und erzählte ihr, was wir gesehen hatten. Ich sagte, das gehe schon ewig so. Alle wüssten davon, nur sie habe nichts bemerkt. Sogar Libero sei dahintergekommen. Daraufhin sei er krank geworden und daran gestorben.

Von da an änderte sich unser Leben schlagartig. Meine Mutter sperrte sich im Haus ein und legte nur noch Patiencen. Mein Vater dagegen war ständig auf Achse. Abends was trinken, nachts fischen. Tagsüber schlief er. So vergingen die Jahre, und ich war überzeugt, irgendwann würden sie mir schon verzeihen. Ich hoffte auf eine versöhnende Geste, aber ich wollte, dass sie von ihm kam. Wenn er sprach, wandte ich mich ihm zu, in der Hoffnung, seine Worte könnten an mich gerichtet sein. Und wenn er doch mal lächelte, was selten genug vorkam, redete ich mir ein, dass die alte Wunde jetzt nicht mehr schmerzte. Ich beschloss, ihm so viel Zeit zu geben, wie er brauchte, denn sosehr ich ihn auch hasste, ich liebte ihn noch immer. Aber konnte er mich damals wiederlieben, wo er doch allen Grund hatte, mich zu hassen?

Livadakia dehnt sich in der jetzt warmen Morgensonne aus. Links von mir eine lange Reihe mit Bäumen, deren Äste im Wind sanft aneinanderreiben. Rechts von mir verdeckt eine Mauer die Zelte eines Campingplatzes. Nur wenige Menschen teilen sich den Strand. Ich laufe barfuß auf einem schmalen Streifen Sand, er ist so gelb wie die Klippe von Livadi. Du bist noch nicht da. Ich schlüpfe in die Badehose und lege mich in den Schatten eines Baumes. Meine Augen sind geschlossen. Ich weiß ganz genau, dass du nicht kommen wirst. Wir sind nicht verabredet, und du bist einfach abgehauen. Zärtlich streichele ich die Steine, als wären es deine Wangen, deine Hände, deine Knochen. Ich schlafe ein. Ich erinnere mich nur an ein Licht, vor dem ich mich verstecke. Ein großes Licht, gefiltert durch das Weiß des Himmels. Noch immer schläfrig, kneife ich die Augen zusammen.

Ich weiß nicht, warum ich aufwache. Meine Mutter hat sich leise angezogen. Ich schlafe immer bei ihr, wenn mein Vater fischen geht. Vor allem im Winter. Ich öffne die Augen, aber sie ist nicht da. Ich stehe auf. Die Haustür schlägt im Wind, der noch genauso stark weht wie in der Nacht. Ich gehe die Treppe hinunter, vorbei an der Kellertür und hinaus. Ich erreiche die Piazza, dann den Hafen. Ich sehe sie am Strand, in sich zusammengesunken inmitten all der Fischer. Ihre Hände umkrallen den grünen Regenmantel, den mein Vater immer trägt, wenn er zum Fischen hinausfährt. Sein Boot liegt umgedreht auf dem Felsen. Der Sturm hat es zusammen mit meinem Vater verschlungen und dann wieder ausgespuckt. Ohne ihn. Meine Mutter kniet auf dem Boden und weint in den grünen Regenmantel. Ich gehe zu ihr. Lege eine Hand auf ihre Schulter und frage, was passiert ist, da reißt sie die Augen auf, starrt mich an und fängt wie verrückt an zu brüllen. Sie schreit, dass es meine Schuld ist. Dass er meinetwegen gestorben ist. Wegen dem, was ich getan habe. Wegen dem, was ich gesagt habe. Dass das gar nicht stimmt. Dass ich alles nur erfunden habe. Ich will weg. Ich weiche zurück. Da lässt sie den grünen Regenmantel los, nimmt einen Stein und wirft ihn nach mir. Sie brüllt, ich soll abhauen. Ich soll bloß abhauen!

Zweiter Teil

Mit einiger Mühe steige ich aus dem knarrenden Bett, und wie ich zur Tür gehe, höre ich Stimmen aus der Küche. Es sind Paula und Stellianos, sie flüstern, um mich nicht zu wecken. Gar nicht so einfach, die Fragen und Antworten zu verstehen. Jenseits der schmutzigen Fensterscheiben ist es Abend.

«Aber jetzt will ich nicht mehr, dass du fährst.»

«Du änderst ganz schön schnell deine Meinung, Stellianos. Mal soll ich bleiben, dann wieder abreisen, je nachdem, wie du dich gerade fühlst.»

Durch einen Spalt sehe ich sie am Küchentisch sitzen. Vor ihnen stehen zwei Espressotassen. Paula raucht.

«Aber jetzt möchte ich, dass du ein paar Tage auf Serifos bleibst.»

«So viel ich mitbekommen habe, zählt das, was du möchtest, hier nicht sehr viel, oder täusche ich mich da?»

«Du weißt, ich kann dazu nichts sagen.»

«Zu Carlo nicht. Aber vielleicht kannst du mir etwas sagen.»

«Nein, kann ich nicht. Auch dir nicht.»

Kurze Pause. Dann fährt Paula fort.

«Carlo denkt, dass Senia eifersüchtig ist und sich deshalb versteckt.»

Ich höre Stellianos lachen.

«Ich glaube nicht, dass sie Grund hat, eifersüchtig zu sein, so jung und schön wie sie ist», sagt Paula.

«Aber du bist schöner.»

Er gibt wirklich alles, mit seiner Hofiererei, das sehe ich schon. Was ich auch sehe, ist, dass sie es zulässt.

«Weißt du eigentlich, dass Carlos Vater und Senias Mutter ...»

«Ich weiß, ich weiß», unterbricht sie ihn.

«Hat Carlo dir das erzählt?»

«Anna hat es mir erzählt. Mit mir redet Carlo ja nicht.»

«Warum seid ihr überhaupt zusammen, wenn ihr nicht miteinander redet?»

«Jeder entscheidet selbst, wie er am besten mit seinen Schuldgefühlen klarkommt. Er macht es eben auf seine Art – allein und ohne große Worte.»

Paula weiß, wie ich es hasse, wenn man über mich redet. Ich kann nur hoffen, dass sie jetzt aufsteht, sagt, sie ist müde und will allein sein. Stattdessen redet sie weiter.

«Es gibt Dinge, über die will Carlo nicht sprechen, nicht

nur mit mir nicht. Wenn es nach ihm gegangen wäre, würden wir jetzt nicht hier sein.»
«Hast du ihn hierhergebracht?»
«Ich und der Zufall. Beides.»
«Und warum hast du das gemacht?»
«Und warum willst du das wissen?»
«Ich weiß sowieso schon alles. Ich will nur herausbekommen, wie viel du schon weißt.»
Das wollte Paula also: ihn zum Reden bringen.
«Ich weiß nur, dass ich ihm gerne helfen würde, aber das ist nicht leicht. Ich weiß nicht, wie und was das Richtige ist. Diese Reise ist wahrscheinlich das Letzte, was ich für ihn tue.»
«Du liebst ihn.»
«Natürlich liebe ich ihn.»
«Aber er liebt dich nicht.»
Eine Böe lässt das Küchenfenster mit den schmutzigen Scheiben auf- und zuschlagen. Stellianos steht auf und schließt es.
«Wir haben genug über Carlo geredet, ich werde noch ganz eifersüchtig!»
«Eifersüchtig?»
«Stört es dich?»
«Nein, es stört mich nicht, aber ich bin auch nicht gerade begeistert», antwortet Paula. «Das heißt, wenn du's genau wissen willst: Es ist mir egal.»
«Macht nichts», meint Stellianos abschließend, «Hauptsache, mir ist es nicht egal.»

Ein paar Stunden später kommt Paula ins Schlafzimmer und setzt sich auf die geblümte Matratze. Sie mustert mich. Sie sagt, es scheine mir besser zu gehen. Meine Gesichtsfarbe hat vom Violetten ins Braune gewechselt, die Bräune könnte jetzt ohne weiteres auch als leichter Sonnenbrand durchgehen. Ich habe Hunger. Ich frage, ob wir nicht auf der *chora* etwas essen wollen. Sie glaubt auch, dass es mir guttue, ein bisschen rauszugehen. Ich stehe auf und ziehe mich langsam an. Paula bleibt auf der Bettkante sitzen. Sie zündet sich eine Zigarette an. Sie sagt, sie habe sich Sorgen gemacht, als sie aufgewacht sei und ich nicht neben ihr lag. Sie fragt, warum ich gegangen sei, ohne sie mitzunehmen. Sie sagt, dann sei Stellianos gekommen und habe noch einmal vorgeschlagen, nach Livadakia zu gehen. Auf dem Weg dorthin hätten sie mich schlafend am Strand gefunden. Da seien sie mit mir zurück zur *reggia* und hätten mich ins Bett gebracht. Ich sage, ich verstehe nicht, warum Stellianos uns zuerst von der Insel jagen will und sich jetzt rührend um mich kümmert. Paula sagt darauf nichts.

Wir verlassen die *reggia*. Schweigend durchqueren wir das dichte Schilf und laufen die staubige Promenade entlang, bis vor zur Bushaltestelle. Ich betrachte die Boote im kleinen Hafen von Livadi, die Bäume, die sich im Meltemi biegen, die von Touristen bevölkerten Tische der Restaurants. Der Kellner aus der Kolonialbar am Ende der Straße erkennt uns wieder und winkt. Während wir auf den Bus warten, sage ich unvermittelt:

«Ich habe Senia getroffen.»

«Senia?»

«Sie ist heute Morgen zur *reggia* gekommen. Du hast geschlafen.»

«Eine meiner komischen Angewohnheiten ... Und, habt ihr miteinander geredet?»

«Sie hat gesagt, sie wusste nicht, dass wir kommen. Sie war tatsächlich so überrascht, dass ich ihr geglaubt habe.»

«Warum sollte sie auch lügen?»

«Weiß nicht. Weißt du es?»

«Carlo, ich weiß halb so viel wie du.»

«Aber du hast doppelt so viele Informanten.»

Sie stutzt, sieht mich eindringlich an. Sie versucht zu verstehen, was ich damit sagen will.

Da kommt der grüne Bus. Die Touristen stehen in Reih und Glied, um einzusteigen.

«Und, ist sie wirklich so hübsch geworden?»

«Ja, noch hübscher als früher.»

«Vielleicht ist ja auf der *chora* ...», setzt sie an, doch ich unterbreche sie.

«Lass uns gehen.» Damit steige ich in den Bus.

Der grüne Bus lädt uns vor der Restaurant-Bar ab. Paula wirft einen skeptischen Blick darauf. Die ganze Fahrt über habe ich nicht mit ihr gesprochen. Ich habe aus dem Fenster gestarrt, auf den Berg. Sie hat mich aus den Augenwinkeln gemustert und versucht, meine Gedanken zu erraten.

«Stellianos hat mich übrigens heftig angebaggert», sagt sie, sobald wir die strahlend weiße Piazza hinter uns gelassen haben. «Wenn ich du wäre, würde ich ihm das schleunigst austreiben!»

«Wenn ich ihm das austreibe, könntest du denken, ich bin mir deiner nicht sicher.»

«Zu viel Sicherheit ist vielleicht gar nicht so gut.»

«Das werden wir ja sehen», drohe ich ihr.

«Was wir nicht sehen werden, könnte aber noch schlimmer sein», droht sie zurück.
Ringsum die üblichen weißen Straßen. Häuserfassaden, die mittlerweile alle gleich aussehen. Fenster und Türen aus rot, grün oder schwarz gestrichenem Holz. Passanten, denen man in Livadi schon so oft begegnet ist. Die Alten sitzen vor den Hauseingängen. Ein paar Knirpse flitzen über Treppen, durch Gassen und spielen Fangen. Wir hören sie lachen und schreien, von einem Ende der *chora* zum anderen. Und wenn wir uns in einer kleinen Gasse verirren, stoßen wir immer auf irgendeine Gestalt, die hinter der Tür hervorschaut und, sobald wir auftauchen, anfängt zu kreischen und sich versteckt. Es hört sich an wie ein Brüllen, wie die Schreie eines weit entfernten Krieges.
«Carlo!»
Mit einem freudigen Lächeln kommt mir die Amerikanerin entgegen. Sie gratuliert mir zu meiner schön gebräunten Haut. Ich stelle ihr Paula vor, die eines ihrer typischen, übertrieben höflichen Lächeln aufsetzt.
«Carlo, ich muss dir unbedingt etwas erzählen! Du weißt doch bestimmt noch, dass ich meinen Sohn bei seinem leiblichen Vater abgesetzt habe. Na ja, jedenfalls ruft mich heute der Junge an und sagt, ich soll ihn sofort abholen.»
Der Junge meint anscheinend, dass sie sich null ähnlich sind und sich überhaupt nichts zu sagen haben. Er meint, sein richtiger Vater ist der aus Amerika, der ihm Klamotten gekauft, ihn erzogen und auf die Uni geschickt hat. Der ihn mit seiner ewigen Ängstlichkeit fürchterlich nervt. Den er manchmal hasst und am liebsten gegen

irgendeinen anderen eintauschen würde. Dann sagt er allerdings, dass er ihn gegen niemanden eintauschen würde, und schon gar nicht gegen seinen leiblichen Vater!
«Es ist die Liebe, die wahrhaft bindet, nicht das Blut. Die Qualen, die man sich zufügt, wenn man sich mag, findest du nicht?»
Und wie zur Bestätigung rief kurz darauf ihr Mann an. Er wollte wissen, wie's dem Jungen geht, ob alles in Ordnung ist und ob sie vorhaben, noch lange in Griechenland zu bleiben. Und als sie meinte, dass sie so schnell wie möglich nach Hause kommen, ist er, der noch nie geweint hat, nicht ein einziges Mal, in Tränen ausgebrochen wie ein kleiner Junge.

Wie ich mit der Amerikanerin in Richtung *chora* gehe, fällt mir auf, dass wir allein sind. Paula ist stehen geblieben. Ich gehe zu ihr. Sie betrachtet kleine Steine auf einer Mauer, die ein Mädchen wie Diamanten in einem Schaufenster ausstellt. Es sind stinknormale Steine vom Strand, die das Kind bemalt hat und jetzt an gefühlsduselige Touristen verkauft. Paula betrachtet sie eingehend, sie will, so sagt sie, den allerschönsten kaufen. Ich bin überzeugt, dass sie von den Steinen, die für mich alle gleich schön und gleich bedeutungslos sind, den richtigen aussuchen wird. Sie hat diesen Sinn für Ästhetik. Sie weiß immer genau, worin viel und worin wenig Schönheit steckt. Für mich ist Schönheit immer gleich schmerzhaft, manchmal auch bedeutungslos. Bei Paula gibt es da feine Unterschiede und verschiedene Spielarten – bei der Schönheit und vielleicht auch bei der Liebe.

Schwerfällig erklimmen wir die Stufen zur *chora*, jede einzeln bis ganz nach oben. Paula hat den Fotoapparat mitgenommen. Sie geht voran, ich folge ihr. Ab und zu bleibt sie an einem Haus stehen und schaut um die Ecke. Danach schaue auch ich um die Ecke, um das zu sehen, was sie gesehen hat. Verborgene Winkel, Eingangstüren, Bäume, Blumen, Vögel, Gesichter, Katzen, Kinder. Seit Jahren schon pilgern wir zu diesen Inseln, und noch immer langweilen sie uns nicht. Zuerst bekriegen wir uns, aber im Endeffekt fahren wir dann doch zusammen. Keine Ahnung, wie lange das noch so weitergehen soll. Aber diesmal hat sich vielleicht wirklich etwas verändert.

Wir sind jetzt oben angekommen, am höchsten Punkt der Insel. Vor uns das offene Meer. Keine andere Insel weit und breit, kein Hafen, nichts. In der Ferne ein paar Schiffe. Sonnenstrahlen durchschneiden den Himmel. So viel Schönheit lässt sich nicht beschreiben. Ich beneide Paula, die sie wenigstens abfotografieren kann.

«Diese Inseln hier haben erst die Götter, dann die Menschen zu sehen bekommen. Wer weiß, was sie noch alles zu sehen bekommen», sagt Paula.

Sie werden noch da sein, wenn wir längst verschwunden sind. Sie sind der Beweis für Unendlichkeit.

«Vielleicht zieht es einen deshalb immer wieder nach Griechenland», überlegt sie. «Um Teil von etwas zu sein, das nicht dem Lauf der Zeit unterworfen ist.»

Sie schießt ein letztes Foto, dann hat sie keine Lust mehr und steckt den Apparat weg.

«Aber es hat etwas Trügerisches», dabei sieht sie mich an. «Das Land nimmt dich auf und weist dich noch im selben Augenblick zurück.»

Das Restaurant auf der *chora* zieht eine kleine Gruppe braun gebrannter Touristen an. Gelöstes Plaudern breitet sich in der lauen Luft aus. Der Sohn des Wirtes schwirrt zwischen den Tischen herum. Schnelle Beine, grimmiger Blick. Mit dem hat er uns alle im Griff. Pärchen warten geduldig; zusammengewürfelte Gruppen wollen mit grundlosem Lachen die Aufmerksamkeit auf sich ziehen; den Familien ist der Hunger an der Lautstärke der quengelnden Kinder anzuhören.

Der Kellner geht ins Restaurant, kommt aus dem Restaurant, mal mit Tellern, mal mit seinem Block, um Bestellungen entgegenzunehmen. Von oben bis unten in Weiß, sieht er aus wie ein Leuchtfisch in einem Aquarium. Ich hätte die Amerikanerin ja gerne eingeladen, denn jedes

Mal, wenn sich unsere Blicke über die Tische hinweg zufällig kreuzen, winkt sie mir vom anderen Ende der hell erleuchteten Piazza freudig zu. Aber Paulas Anwesenheit hat sie in ihrer sympathischen Art gebremst und ihr die Lust am Weitererzählen genommen, also ist sie mit einem großen Lächeln auf dem Gesicht gegangen.

«Carlo, ich muss mit dir reden», sagt Paula. «Es fällt mir nicht leicht, aber es muss sein.»

Ich lege die Serviette auf den Tisch und höre. Aber ich helfe ihr nicht auf die Sprünge, weder mit Worten noch mit Gesten.

«Ich denke, es ist besser, wenn ich gehe.»

Sie streift den Armreif ab und legt ihn auf den Tisch.

«Versuche bitte, meine Entscheidung zu verstehen.»

Sie massiert ihr Handgelenk. Bedächtig, konzentriert.

«Mir wird das hier alles zu viel!»

Ich sage nichts. Ich stelle mir mein Leben ohne sie vor.

«Nicht nur, dass der Urlaub nicht gerade so verläuft, wie ich es mir erhofft hatte ...», sie unterbricht sich.

Ein Haus bei Livadakia. Für den Rest meines Lebens bei dir.

«Da es für dich so wichtig zu sein scheint, wäre es vielleicht besser, wenn wir ... Vielleicht wäre es besser, wenn ich ... wenn ich dich verlasse.»

Kommt nicht oft vor, dass Paula nicht die richtigen Worte findet. Sie fängt einen Satz an, bricht ihn sofort ab, denkt noch einmal nach, fängt wieder von vorn an.

«Ich weiß einfach nicht, was ich machen soll, das ist der Punkt», sagt sie und steckt sich eine Zigarette an.

Sie sieht mich nicht an und erwartet auch keine Antwort mehr. Mein Schweigen gibt ihr zu verstehen, dass ich ihr nicht folgen werde, egal, für welchen Weg sie sich entscheiden wird.

Wir sind gerade mit dem Essen fertig, da erscheint Stellianos auf der Piazza. «Da ist er ja.» Paula zeigt auf ihn, zwischen ihren Fingern glimmt bereits die nächste Zigarette. Er grüßt uns von weitem und unterhält sich kurz mit dem Sohn des Wirtes. Beide sehen zu uns herüber. Aber der Leuchtfisch muss schleunigst wieder an die Arbeit, und so kommt Stellianos an unseren Tisch geeilt. Er sagt, die Bräune steht mir gut. Ich danke ihm. Er fragt, ob das Essen gut war, ob sie uns gut behandelt haben. Paula gefällt die Piazza mit den blauen Stühlen und den gelben Lampen über den Tischen, allerdings hatte ich nicht den Eindruck, als habe das Essen ihr zugesagt.

«Fahren wir runter nach Livadi? Senia wartet schon», sagt Stellianos.

Ein Schauer durchfährt meinen Körper. Paula scheint ihn zu registrieren wie ein Seismograph. Sie dreht sich zu mir, um zu sehen, was diese Nachricht auslöst, doch von meiner braun gebrannten Haut lässt sich nicht ablesen, ob ich rot geworden bin. Stellianos grinst, als hätte er mir ein Riesengeschenk gemacht, und wartet auf ein Dankeschön.

«Darf ich mit euch kommen, oder bist du dann eifersüchtig?», frage ich.

Sein vorwurfsvoller Blick wandert zu Paula.

«Keine Sorge, sie hat nicht gepetzt», sage ich. «Das Problem ist dein lautes Organ. Es war praktisch unmöglich, nicht mitzuhören.»

«Hätten wir gewusst, dass wir dich geweckt haben, hätten wir dir zumindest einen Kaffee angeboten», meint Paula zynisch.

«Hätte ich die Wahl gehabt zwischen Kaffee und Nicht-geweckt-Werden, wäre mir Nicht-geweckt-Werden lieber gewesen», sage ich. «Trotzdem vielen Dank!»

Ich tauche in die Straßen der *chora* ein. Rase so schnell die Stufen hinunter, dass ich Paula und Stellianos unterwegs verliere. An der Haltestelle warte ich nicht auf sie, sondern setze mich in den Bus, der schon wartet. Zehn Minuten später steigt der Fahrer ein, lässt den Motor an und steuert in Richtung Livadi.

Endlich kann ich durchatmen. Ich habe den ganzen Bus für mich allein, er fährt den kurvenreichen schwarzen Berg hinunter bis zum silbern schimmernden Hafen. Stellianos hat gesagt, du wartest auf uns; ob du uns willkommen heißen oder Lebewohl sagen willst, ist nicht klar. Vor der Bar Oniro sehe ich eine Menschenmenge. Ich bitte den Fahrer anzuhalten. Erst schimpft er, dann bremst er abrupt und schmeißt mich raus in die windige Nacht. Mittlerweile kenne ich diese griechische Ruppigkeit nur allzu gut, und so nehme ich es gelassen. Sogar die Schönheit von Serifos beeindruckt mich kaum noch; als würde ich das griechische Treiben schon mit griechischen Augen sehen. Die Insel hat sich in mir verewigt, sie ist jetzt ein Teil von mir. Wie eine Hand oder ein Arm, der am Körper hängt, ohne dass man dabei etwas Besonderes empfinden würde. Da wird mir bewusst, dass ein Leben, ohne an dich zu denken, gar nicht vorstellbar ist; dass ich seit Ewigkeiten kein eigenes Leben mehr habc, kein Leben ohne diesen schmerzhaften Gedanken. Ich bin mit dir verbunden, wie zwei Pflanzen, die durch Kreuzung eine neue Frucht hervorbringen, der noch keiner einen Namen gegeben hat.

Das Erste, was ich auf der Terrasse des Oniro sehe, ist das Flattern von Paulas langem Rock. Dann den Armreif an der Hand, mit der sie ein Glas Wein hält. Daneben sitzt Stellianos mit einem breiten Grinsen. Von innen tönt ohrenbetäubende Musik.

Er flüstert ihr etwas ins Ohr und geht nach drinnen. Paula bleibt draußen an der frischen Luft. Ich sehe, wie sie sich übers Geländer beugt, und denke, bestimmt ist ihr schlecht. Sie dreht sich um und entdeckt mich.

«Warum hast du nicht auf uns gewartet? Du hast ein rasantes Autorennen verpasst!»

Sie trinkt das Glas aus, kippt es, die Eiswürfel fallen vor meine Füße. Dann wirft sie auch das Glas übers Geländer. Sie ist betrunken.

«Hast du sie gesehen?», fragt sie mich.
«Noch nicht.»
«Noch nicht», äfft sie mich nach. «Sie ist drinnen, geh doch rein.»
In der Zwischenzeit kommt Stellianos mit weiteren Getränken an.
«Als wir die Kurven runtergerast sind, dachte ich, ich sterbe», empfängt Paula ihn freudig. «Aber Stellianos ist ein exzellenter Fahrer.»
Er lacht glücklich. Paula reißt ihm die Gläser aus der Hand und trinkt das erste in einem Zug aus.
«Auf die, die sich verlieren und dann wiederfinden!», dabei hebt sie ihr Glas. Ihr Blick durchbohrt mich. «Und auf die, die sich finden und dann wieder verlieren», sie kippt auch das zweite Glas hinunter.
Stellianos klopft mir auf die Schulter. «Carlo, warum hast du nicht auf uns gewartet? Ich war doch mit dem Auto da.»
«Nein, Carlo konnte nicht warten», sagt Paula.
«Traut er meinem Fahrstil nicht?»
«Das ist es nicht, Carlo kennt keine Furcht. Er hat das Zeug zum Helden, wirklich!»
«Und du zum Säufer.»
«Ich bin zwar betrunken, aber es ist der nüchterne Teil in mir, der spricht.»
«Wenn das so Spaß macht, dann betrinke ich mich jetzt auch», sage ich und mache mich zur Theke auf.
«Jetzt müssen sich Helden auch schon betrinken», ruft sie mir hinterher. «Wie traurig!»

Ich versuche mich durchs Gedränge hindurch zur Bar zu schieben. Dabei stehen mir die Leute nicht im Weg, sondern schubsen mich noch schneller in deine Richtung. Das junge Mädchen am Tresen fragt dich etwas, und ich höre, wie du auf Griechisch antwortest. Der Satz aus deinem Mund versetzt mich zurück in eine Zeit, an die ich mich gar nicht mehr erinnern konnte. Damals, als du mir neue Wörter, die Anna dir beigebracht hatte, ins Ohr flüstertest. Du sagtest sie mir einmal, dann zweimal. Danach sollte ich sie nachsprechen. Das war unser Lieblingsspiel, einen ganzen Sommer lang. Ich sprach griechische Wörter nach und rückte dabei immer näher an dich heran. Und wenn du immer noch zu weit weg warst, umfasste ich deine Taille und zog dich zu mir. Da legtest du eine Hand zwischen meine Beine. Auf meine Hose, die immer enger zu sitzen begann. Du lachtest. Richtig laut. Über meine Erektion und über meine falsche Aussprache.

«Ich habe in Livadakia auf dich gewartet. Aber du bist nicht gekommen.»

Du lächelst. Ich betrachte deine Zähne. Und den Umriss deiner Lippen. Und die wunderschöne Farbe deiner Lippen.

«Sie haben erzählt, dass du in der Sonne eingeschlafen bist. Das sieht man ...», dabei legst du einen Finger auf mein sonnenverbranntes Gesicht.

«Ich hätte eigentlich was Besseres vorgehabt, wenn du gekommen wärst.»

«Wohin denn?»

«Nach Livadakia.»

«Warum hätte ich nach Livadakia kommen sollen?»
«Ich dachte, wir waren dort verabredet.»
Vielleicht warst du verwirrt, denke ich. Vielleicht hast du mir nicht zugehört.
«Vielleicht habe ich dir nicht zugehört», sagst du.
Ich brauche etwas zu trinken. Ich will etwas trinken!
«Willst du etwas trinken?», sagst du und kommst mir schon wieder zuvor. Du drehst dich zu dem Mädchen hinterm Tresen und bestellst.
Draußen schenkt Stellianos fleißig Wein nach.
«Ich habe mir Sorgen gemacht», sagst du. «Deshalb wollte ich, dass er dich abholt.»
«Und ich dachte, du wolltest Paula kennenlernen.»
Stellianos stellt die Flasche ab. Die beiden stoßen auf irgendetwas an.
«Ich glaube, Stellianos ist auf dem besten Weg, sich zu verlieben», denke ich laut.
«Stellianos ist ein kleiner Junge», sagst du. «Er verliebt sich in jedes neue Spielzeug. So lange, bis er ein noch neueres findet.»
«Dann müssen wir für ihn wohl ein neues auftreiben. Vorher hat mir Paula nämlich mitgeteilt, dass sie geht.»
«Carlo, du musst auch gehen. Bitte!», sagst du. Und wieder schaust du mir nicht in die Augen. Du schaust auf die Terrasse, auf der jetzt weder Paula noch Stellianos zu sehen sind. Sie sind verschwunden, beide.

«Ich habe nie behauptet, dass ich nach Livadakia komme. Warum hast du auf mich gewartet?», fragst du, als wir das Onrio verlassen. Wir gehen in Richtung Strand.
«Ich dachte, du wolltest mit mir reden.»
«Reden? Worüber?»
Ich habe dich immer um deine Selbstsicherheit beneidet. Und nach dir habe ich jeden Menschen darum beneidet. Paula ist nicht die Einzige, die nicht weiß, was richtig für mich ist, ich weiß es ja selbst nicht einmal. Aber du weißt es immer. Auch an jenem Tag, als mit deinem Husten unter der Kellertreppe alles seinen Lauf nahm.
«Warum bist du jetzt erst gekommen, Carlo?»
«Ich wusste nicht, dass du hier bist.»
«Du wusstest schon, dass ich hier bin.»

«Du hast mir nie geschrieben.»
«Oje», sagst du lachend. «Du hast dich kein bisschen verändert.» Du lachst.
Und lachst.
Über die Strandpromenade gelangen wir jetzt zu der Bucht, in der ich am ersten Abend gleich nach unserer Ankunft schwimmen war. Die Boote, die in der Sonne schaukelten, sind ans Ufer gezogen worden; wie erschöpfte Körper schlafen sie jetzt alle zusammen am Strand. Ich zeige dir die Stelle, wo ich gebadet habe. Das Wasser ist schwarz und still.
«Hier hast du gebadet? Am Hafen?»
Schnell rennst du über den Sand und erreichst barfuß das schwarze Wasser.
Keiner kann uns sehen. Wir dagegen überblicken den gesamten hellen Streifen der Promenade, die überfüllten Bars, die fahrenden Autos, die eng umschlungenen Liebespärchen, die einsamen Hunde.
Du ziehst dein Top aus und wirfst es auf den Boden. Deine Brüste sind so klein, wie ich sie in Erinnerung hatte. Du schlüpfst aus dem Rock und legst ihn zu den anderen Sachen. «Komm, zieh dich aus.»
Ich ziehe das Hemd aus. Die Hose. Dann tauche ich ins schwarze Wasser.

«An diesem Strand hier ist so einiges passiert.»
«Ich glaube, das will ich gar nicht so genau wissen», sage ich und rücke näher an dich heran.
Schweigend betrachte ich dich, das schwarze Wasser benetzt dein Haar, deine Wimpern. Du streichst über dein Gesicht. Lächelst. Dann betrachtest auch du mich schweigend. Unsere Augen sind sich ganz nah.
«Du hättest kommen können, Carlo. Du hättest kommen müssen.»
Ich weiß nicht, was ich sagen soll.
«Ein Schiff nehmen und kommen», sagst du. «So wie jetzt.»
Aber jetzt bin ich doch hier, denke ich.
«Jetzt ist es etwas spät ...», sagst du.
Im schwarzen Wasser strecke ich eine Hand nach dir aus, ich will dich berühren, versuchen, dich zu umarmen.
Du hältst mich zurück. «Lass uns rausgehen», sagst du. «Ich bringe dich nach Livadakia.»

Am anderen Ende der Promenade, auf Höhe der Anlegestelle, führt eine Treppe einen kleinen Hügel nach oben. Ungefähr auf der Hälfte erreicht man die Terrasse der Ocean Bar, wo ich gestern Abend Paula und Stellianos sitzen sah. Ein Stück weiter oben ist eine staubige Fläche, auf der ein kleines Hotel steht. Geht man den Hügel auf der anderen Seite wieder nach unten, erreicht man einen Strand, den ich heute Morgen mit Livadakia verwechselt habe.

«Livadakia ist da hinten, hinter der Düne.»

Wir gehen an der langen Reihe von Bäumen vorbei, die Äste biegen sich im Wind. Rechts von uns das Geschrei vom Campingplatz, links das Klatschen der Wellen gegen den Sand am Ufer. Du läufst vor mir. Auch früher, bei un-

seren Ausflügen, betrachtete ich gerne deinen Rücken. Du hattest den gleichen hüpfenden Gang wie ich. Du gingst voraus, um mir den Weg zu bahnen. Um nicht auf Kreuzottern zu treten, um tief hängende Äste wegzuknicken.
«Sieh mal», rufst du, als wir Livadakia erreichen.
Von der Düne aus erblicke ich einen Strand, der von einem hellen, fremden Meer umspült wird. Ich spüre eine Berührung. Das bist du, du greifst meine Hand.
«Komm», dann führst du mich die Sandstufen hinunter.

In Livadakia stehen vier Häuser hübsch in einer Reihe. Ursprünglich wurden sie von Fischern genutzt, jetzt sind Urlauber darin. Aus einem von ihnen taucht plötzlich ein Lichtschein auf. Jemand schließt eine Tür hinter sich und geht zum Strand. Die Taschenlampe leuchtet in die Nacht, mal hierhin, mal dorthin. Dann bewegt sie sich auf einen Punkt am Strand zu. Eine Frau nähert sich einem Mann, der am Ufer sitzt. Jetzt ist sie bei ihm. Die beiden wechseln ein paar Worte. Dann setzt auch sie sich und legt die Taschenlampe neben sich, die einen blassen Punkt am Horizont anleuchtet. Er legt einen Arm um ihre Schulter, sie rückt noch ein Stückchen näher. Sie küssen sich.
Du erzählst, dass Anna damals die Koffer packte und zu dir sagte, ihr würdet abreisen. Für ein paar Wochen. «Ich fand das komisch. Um diese Zeit waren wir nie auf Serifos.»

Ich weiß noch genau, es war um Weihnachten.
«Es war um Weihnachten. Noch nie waren wir an Weihnachten auf Serifos. Aber sie sagte, es werde mir gefallen. Auf der Fähre hörte sie auf, mit mir zu reden. Ich dachte, sie sei sauer auf mich, und stellte keine weiteren Fragen.»
Ich habe mir immer vorgestellt, Anna hätte dich am Arm gepackt und gewaltsam weggezerrt. Dabei gingst du stillschweigend mit, ohne zu protestieren. Und hier auf Serifos lebtest du wieder dein Leben. Das heißt, du hattest längst ein neues Leben begonnen, was ich nur nicht wusste. Ich war noch immer in unserem alten Leben gefangen, wie ein Insekt, und auf den Gedanken, ich könne etwas anderes, etwas Neues beginnen, war ich gar nicht erst gekommen. Du sagst, am Anfang hättest du viel an mich gedacht. Doch je mehr du an mich dachtest, desto deutlicher spürtest du, dass es deine Schuld war. Du sagst, es hätte so sehr wehgetan. Und so musstest du aufhören, an mich zu denken.

Paula läuft die Strandpromenade entlang und schleift das Gepäck hinter sich her. Von der menschenleeren Terrasse der Ocean Bar aus kann ich sie beobachten, ohne dass sie mich sieht. Das Schiff, das sie wieder nach Athen bringen wird, ist groß und steht still. Ein paar Reisende beugen sich über die Reling und betrachten den Sonnenaufgang über Livadi.

Heute Nacht legtest du dich in den Sand und schliefst ein. Die ersten Lichter über Livadakia weckten mich. Ich stand auf und lief zum Wasser, um mein Gesicht zu waschen, du lächeltest mich an.

Wir stiegen wieder die Sandtreppe hoch, betrachteten die hübsch in einer Reihe stehenden Häuser, kamen am Campingplatz vorbei, erreichten wieder die staubige Flä-

che auf dem Hügel und schließlich die Terrasse der Ocean Bar.
Hier ließ das Morgenrot Livadi hell aufleuchten und präsentierte mir Paula bei ihrer Abreise.

«Stoppt die Fähre!»
Die Amerikanerin stürzt aus dem kleinen Hotel. Sie trägt ein paar Sporttaschen und Tüten.
«Ich darf auf keinen Fall dieses Schiff verpassen, stimmt's, Carlo?»
Ich stelle sie dir vor, und wir helfen ihr zumindest die vielen Stufen nach unten.
«Ich weiß, man sollte eine griechische Insel nicht im Morgengrauen verlassen. Und falls du doch einmal in die Verlegenheit kommst, geh auf keinen Fall an Deck und verabschiede dich in der Morgendämmerung von Serifos – du als emotionaler Mensch schon gar nicht!»
Aber zu einer richtigen Reise gehört nun mal ein Schiff, meint sie. Oder ein Zug. Wie in früheren Jahrhunderten. Als ein Reisender noch wirklich reiste.
«Denn Reisen ist keine Erholung. Die Strapazen bis zur Ankunft und der Schmerz bei der Abfahrt – das und nur das ist wahres Reisen, findet ihr nicht?»
Wir verabschieden uns von ihr, und sie marschiert ab. Paula hat sich auf eine Stufe gesetzt, sie sieht die Ame-

rikanerin kommen und winkt. Als das Signal zum Einsteigen ertönt, schiebt sich die Menge in Richtung Gangway. Paula hält nach irgendetwas Ausschau. Ich sehe, wie sie vor dem Betreten der Fähre einen letzten Blick auf die staubige Strandpromenade wirft, auf der ich nicht erschienen bin.

Statt die Treppe zum Hafen zu nehmen, schlage ich einen anderen Weg ein. Links von mir der Eingang zum Friedhof, rechts eine kleine Straße, die zur *reggia* führt. Du schlägst genau diese Richtung ein, doch ich halte dich zurück, ich will noch nicht nach Hause.

Auf der Hügelseite, die zum Meer hin steil abfällt, klettert der Friedhof von Serifos in die Höhe. Da fällt mir ein, dass die Barbaren aus dem Zug ihn schon erwähnt hatten. Im Spiegel des Himmels haben die Gräber so gar nichts Morbides an sich. Sie wirken wie frisch bezogene Betten. An einem Brunnen waschen zwei Frauen Vasen aus Blech. Das Tor öffnet sich mit einem schweren Ächzen, doch sie heben nicht einmal die Köpfe, um zu sehen, wer kommt. Die ältere Frau spült die Vasen aus, die jüngere zupft jetzt die vertrockneten Blätter von den Stängeln der roten Blumen. Ich lese die Namen auf den Grabsteinen, wie alle griechischen Namen faszinieren sie mich. Du zeigst auf die Fotos der Leute, die du kanntest. Ich muss an das Grab meines Vaters denken, das leer ist. Der Friedhof hier hätte ihm bestimmt gefallen.

Der Hügel fällt steil zum Wasser ab. Ich schaue hinunter, eine Möwe sitzt reglos auf einem Felsen. Der Wind plustert ihre kleinen Flügel auf, sie vibrieren im Luftzug.

Du sagst, Anna ist jetzt auch gerade auf einem Friedhof. Bei Libero.

«Es wäre besser, sie würde ihn in Ruhe lassen», sage ich. «Wenigstens jetzt ...»

Du sagst, du magst es nicht, wenn ich so rede.

«Libero wusste Bescheid, stimmt's?»

Du sagst, du willst darüber nicht reden. Ich aber will sehr wohl darüber reden, seit Jahren schon!

«Er hat nur so getan, als wüsste er von nichts, oder?»

«Carlo, hör auf.»

«Warum musstet ihr so überstürzt abreisen? Dein Vater war doch längst tot, und ich hätte meinen Mund gehalten.»

«Carlo, ich sagte, hör auf!»

«Aber ich habe es getan, ich habe gepetzt.»

Du willst wissen, wovon ich überhaupt rede.

«Ich rede davon, was wir gesehen haben! Du erinnerst dich doch auch daran!»

«Als wär's gestern gewesen.»

«Kaum wart ihr weg, bin ich zu meiner Mutter gerannt.»

«Ich weiß.»

«Ich habe ihr alles erzählt.»

«Das wäre nicht nötig gewesen ...»

Du lehnst an einem kleinen Baum nahe am Abhang.

«Carlo, deine Mutter wusste es längst.»

Sie wusste es nicht, denke ich. Gar nichts wusste meine Mutter.

«Deine Mutter wusste alles, Carlo.»

Ich denke an meine Mutter, die alles wusste. An alle anderen, die alles wussten.
Aber wenn das, was wir unter der Kellertreppe sahen, längst kein Geheimnis mehr war, warum dann diese überstürzte Abreise, warum trennten sie uns dann, um uns möglichst fern voneinander zu halten?
«Warum seid ihr dann so überstürzt abgereist?»
Du schweigst und betrachtest das Meer.
«Warum?»
Du nimmst dir kurz Zeit, holst einmal tief Luft, dann fährst du fort.
«Nicht wegen dem, was wir gesehen haben, Carlo.»
Mein Vater, deine Mutter gegen die Kellertür gepresst.
«Sondern wegen dem, was sie gesehen haben.»
Wir beide unter der Kellertreppe.
«Wir beide unter der Kellertreppe.»
Halb nackt, umarmt.
«Das wahre Geheimnis waren nicht sie, Carlo.»
Sie.
«Sondern wir.»
Wir.
«Und sie durften nicht zulassen, dass wir noch weitergehen.»
Sie durften es nicht zulassen.
«Deshalb haben sie uns getrennt.»
Deshalb.
«Hast du es jetzt kapiert?»
Ich weiß nicht, ob ich es kapiert habe, sag du's mir.
«Carlo», beginnst du. «Dein Vater ...»

Los, sag schon.
«Dein Vater», versuchst du es noch einmal, unterbrichst dich aber gleich wieder.
Du drehst dich zu mir und siehst mich an. Dann holst du ein letztes Mal tief Luft und befreist den Satz, der sanft deinen Lippen entgleitet, die Felsen nach oben schwebt, hoch, in die Luft, und weiter, übers Meer.
«Dein Vater ...», sagst du, «dein Vater ist auch mein Vater.»

Ich höre es mehrmals an der Tür klopfen. Öffne die Augen. Stelle fest, dass ich neben Senia in einen tiefen, ruhigen Schlaf gesunken bin. Ich strecke eine Hand aus und lege sie auf ihren Bauch. Wieder klopft es an der Tür. Dann schleichen Schritte durch den Garten, ums Haus herum, schließlich taucht Stellianos hinter den schmutzigen Scheiben auf.
Seine Hand greift langsam durchs Fenster und schiebt den fleckigen Vorhang beiseite. Er sieht mich an sie geschmiegt, während sie ausgestreckt daliegt, den Kopf an der Wand. Sie blickt ihm fest in die Augen und sagt keinen Ton. Dann schiebt sie die Decke weg und entblößt so ihre Brüste.
Sie steht auf und durchquert, nackt, wie sie ist, den Raum.

Ich höre sie die kleine Tür zum Garten öffnen. Sie kommt wieder ins Zimmer, gefolgt von Stellianos.
Er fragt sie, ob sie hier bei mir geschlafen hat. Sie gibt keine Antwort. Sucht nach ihrer Unterwäsche, die auf dem Boden verstreut ist.
Dann fragt er mich, wo Paula ist.
«Sie ist abgereist», sage ich.
«Abgereist?»
«Ja, heute Morgen.»
«Und warum bist du noch hier?»
Senia zieht den BH an und schlüpft in ihr Kleid. Wie ein Raubtier schleicht Stellianos durchs Zimmer.

Nach dem Besuch auf dem Friedhof durchquerten wir schweigend das dichte Schilf. Dann, in der *reggia* angekommen, meinte Senia, sie würde mir beim Kofferpacken helfen.
«Warum denn packen?», entgegnete ich. «Ich bleibe hier.»
«Heute Abend geht ein Schiff nach Naxos. Das nimmst du.»
Ich fragte, warum ich nicht bleiben dürfe.
«Du musst gehen.» Sie könne mir das nicht erklären, sagte sie.
Ich wurde laut. Sie entgegnete nichts. Und als sie gehen wollte, versperrte ich ihr den Weg und drückte sie mit

dem Rücken gegen die Tür. Ich schrie sie an, sie sei eine Schlampe, genau wie ihre Mutter. Dann sagte ich nichts mehr. Ich schaute ihr in die Augen. Sie waren gedankendurchflutet, wie von tausend Wellen. Aber mittlerweile errate ich keinen ihrer Gedanken mehr, keinen einzigen. Sie ist mir fremd geworden. Jetzt ist sie wirklich eine Fremde für mich.

«Entschuldige», sagte ich und wich zurück.

Ich setzte mich auf die Bettkante mit der geblümten Matratze. Mein Blick wanderte über die dunklen Kacheln. Eine Kakerlake schleppte sich an meinen Füßen vorbei. Eine Minute lang folgte mein Blick ihrem unsicheren, blinden Gang. Dann verschwand sie unterm Bett.

«Carlo, du hast ja keine Ahnung, warum ich das alles hier mache.»

Noch immer hob ich meinen Blick nicht. Hätte sie in dem Moment die Tür geöffnet und wäre gegangen, wäre ich ihr nicht gefolgt. Ich hätte meine Koffer gepackt und auf das Schiff gewartet. Ich verspürte denselben Schmerz wie an dem Tag, als Anna sie mit sich nahm; eine heftige Übelkeit, als würde sich alles in mir zusammenziehen. Aus meinem Mund strömten jetzt Worte, an die ich mich nicht erinnere. Ich glaube, ich habe gesagt, dass ich hier auf Serifos bliebe, mit ihr oder ohne sie. Dass ich sie liebte. Dass ich nie aufgehört hätte, sie zu lieben, nicht eine Minute.

«Aber ich liebe dich nicht, Carlo», sagte sie. «Ich habe dich nie geliebt.»

Eine unbekannte Kraft durchströmte mich. Plötzlich stand ich vor ihr, drückte sie aufs Bett, beschimpfte sie aufs Übelste, warf ihr Sachen an den Kopf. Sie reagierte nicht. Sah mich nur schweigend an. Ich glaube nicht, dass sie Angst hatte, ich tat ihr einfach nur leid. Sie protestierte nicht einmal, als ich ihr Kleid hochschob. In einer Umarmung packte ich ihre Schenkel. Zuerst sah ich darauf die Spuren meiner Tränen, dann die meiner Hände, erst rot, dann violett. Ihr Gesicht war hinter den Haaren versteckt, und ohne ihr in die Augen zu sehen, drang ich in sie ein. Da hörte sie auf, sich zu bewegen. Ihre Beine lagen lang ausgestreckt und steif unter den meinen, meine Knie berührten ihre. Mein ganzer Körper drückte sich in sie hinein, durch sie hindurch, über sie hinaus. Ich presste mich gegen ihr Becken, nur, um ihr wehzutun. Lust empfand ich keine. Danach wollte ich sie liegen lassen, atemlos und kraftlos. Doch kurz bevor ich kam, spürte ich, wie ihre Arme meinen Rücken hochwanderten und mich festhielten, damit ich noch in ihr blieb. Ein Windhauch strömte von meinem Körper in ihren. Erst dann ließ sie mich los. Als ich aufstand, lief Blut über mein Bein. Mit diesem langen, fliehenden Tropfen verlor ich meine Unschuld.

Senia zieht sich wieder an. Ich liege im Bett, wie versteinert, und kriege keinen Ton heraus. Stellianos sieht sich um. Er entdeckt Paulas Armreif.

«Und der hier? Gestern habe ich gefragt, ob sie ihn mir schenkt, er gefiel mir. Sie hat gesagt, ganz schön unverschämt, sie um ein Geschenk zu bitten.»
«Oder ganz schön besoffen», schickt Senia hinterher.
Er probiert den Armreif an. Passt, sagt er. Senia ist fertig zum Aufbrechen. «Na dann ... Ciao, Carlo.»
Stellianos ist überrascht. «Wann fährst du?»
«Er nimmt heute Abend das Schiff nach Naxos», antwortet sie an meiner Stelle.
Stellianos sieht mich an, er denkt nach.
«Lass uns gehn», sagt sie.
Stellianos betrachtet den Armreif. «Bist du sicher, dass du ihn nicht Paula wiedergeben willst?»
«Leg ihn zurück», sagt Senia.
Stellianos überhört es und bedankt sich bei mir.
«Leg ihn zurück», sagt sie noch einmal und streckt eine Hand nach ihm aus.
Er zieht den Arm zurück und sagt irgendetwas auf Griechisch. Sicher eine Beschimpfung, denke ich. Da knallt sie ihm eine. Stellianos erstarrt. Seine Augen funkeln. Er stürzt aus der *reggia*.
Ich steige aus dem Bett. Gehe zur Tür und spähe hinaus. Stellianos steht neben dem geparkten Wagen. Sie ist ihm gefolgt und redet auf ihn ein, wütend. Eifersüchtig.
Ich hätte es gleich checken müssen, als Paula und er plötzlich nicht mehr auf der Terrasse des Oniro saßen. Senia war ganz nervös geworden und bat mich, ihnen zu folgen. Sie beruhigte sich erst, als er allein zurückkam, nachdem er Paula zur *reggia* begleitet hatte. Deshalb wollten sie

nicht an uns vermieten, deshalb der ganze Ärger! Sie wollte mich nicht auf Serifos haben.
Plötzlich umarmt sie Stellianos, er drückt sie an sich. Ich höre nicht, was sie sagen, aber ich glaube, es ist eine lange Reihe von: Ich liebe dich, entschuldige bitte. So bleiben sie eine Weile stehen, aneinanderklebend, reglos.
Ich wende mich ab, betrete die Küche, öffne den Hahn. Ich lasse das Wasser laufen. Trinke. Gehe zurück ins Bett.

Ich höre sie wieder hereinkommen. Sie steht mitten im Raum. Macht einen Schritt auf mich zu. Setzt sich auf die geblümte Matratze.
«Geh zurück zu Paula», sagt sie.
Sie legt Paulas Armreif auf das Nachtkästchen.
«Geh zurück zu ihr», sagt sie noch einmal.
Und sie schickt hinterher: «Als sie ging, war etwas in deinen Augen.»
Dann: «Bisher verlief unser Leben falsch.»
Und dann: «Lass uns versuchen, nochmal von vorn anzufangen.»
Sie erhebt sich von der geblümten Matratze und geht. Und während sie geht, denke ich, sie hat recht. Es ist richtig, wenn sie versucht, nochmal von vorn anzufangen. Ich werde auch versuchen, nochmal von vorn anzufangen. Und ich möchte nie wieder etwas so Intensives erleben,

etwas so unerträglich Schmerzhaftes wie meine Liebe zu ihr.
Durch die schmutzigen Scheiben hindurch sehe ich, wie sie sich langsam entfernt. Ich stecke meinen Kopf unter die Decke, um die Szene nicht sehen zu müssen. Ich höre nur noch das Zuschlagen der Autotüren. Dann lässt Stellianos den Wagen an und nimmt sie mit.

An einem Nachmittag, an dem der Meltemi besonders stark bläst, reise ich ab. Das Meer hebt blaue Wellen empor und spuckt sie auf den Kai. Eine Gruppe Jugendlicher hat sich auf dem Beton der Mole breitgemacht. Die sportlicheren unter ihnen haben Rucksäcke auf dem Rücken und stehen, die anderen sitzen auf ihrem Gepäck. Ein Grieche in zerknittertem Hemd verkündet, dass die Fähre ein paar Stunden Verspätung hat. Ich nutze die Zeit und gehe etwas trinken. Mein Gepäck lasse ich bei der Schiffsagentur. Ich steuere auf die Strandpromenade zu. Die Mofas wirbeln gelben Staub auf, der Bus steht an der Haltestelle und macht die Touristen, die auf der *chora* Abendessen wollen, ganz nervös. Ich blicke hoch, dorthin, wo die Kirche thront.

«Was darf ich Ihnen bringen?», fragt der Kellner der Kolonialbar.
«Einen Cappuccino. Bitte sehr heiß und ohne Schaum.»
Ich hätte Paula jetzt gerne hier. Sie hat nie viel mehr erwartet als das, was ich ihr gegeben habe. Sie hat es akzeptiert und mich geliebt, obwohl sie wusste, dass ich mit meinen Gedanken ständig woanders war, überall, nur nicht bei ihr. Trotzdem war sie bei mir. Paula war immer für mich da.
«Ihr Cappuccino, bitte.»
Ich lege das Geld auf den Tisch und gehe.
Mit geschlossenen Augen bin ich neben Paula hergegangen. Und sie hat mich begleitet, wie man einen Blinden begleitet. Und wie ein Blinder habe ich sie nie richtig angesehen. Ihre Hände haben einen kalten Körper berührt, der nicht geliebt werden wollte. Und ich habe ihr nie von Senia erzählt. Ich habe überhaupt keinem Menschen von Senia erzählt. Aber jetzt, da ich weiß, dass sie lebt, dass sie existiert, jetzt, da ich ihren Geruch unter meinen Fingernägeln habe, jetzt, da ich ihren Mund gekostet habe, bedeutet mir ihr Mund gar nichts mehr. Auch sie hat sich von mir gelöst.
Ich steige in den leeren Bus und setze mich. Am Rückspiegel hängt ein Rosenkranz, der zu schaukeln beginnt, als der Fahrer den Motor anlässt und losfährt.

Durch die Scheibe hindurch sehe ich Lesbina auf der Kirchentreppe sitzen. Neben ihr verkauft das Mädchen seine bunten Steine. An der strahlend weißen Piazza steige ich aus, Lesbina grinst mich an. Ich nähere mich. Das andere Mädchen hat seine Kunstwerke hübsch auf der Treppe drapiert. Ein grünes Auge erregt meine Aufmerksamkeit. Ich kaufe es. Gerade will ich gehen, da ruft Lesbina mir nach.

«Carlo!»

Ich hätte nicht gedacht, dass sie sich an meinen Namen erinnert. Sie hat mir auch nichts zu sagen, sondern zeigt lediglich auf die Straße, die in die entgegengesetzte Richtung führt.

Hinter der kleinen Piazza beginnt ein Schotterweg mit schön aneinandergereihten weißen Häusern. Sie weisen alle auf einen Horizont, der sich im Dunst der sommerlichen Schwüle verliert. Die Steilküste endet in der Nähe des hellblauen Hauses.

«Und das Haus da?», habe ich bei unserer Ankunft gefragt.

«Das ist das Haus eines Philosophen», hat Paula voller Neugier geantwortet.

Stellianos' Wagen ist vor dem hellblauen Haus geparkt; für mich der Beweis, dass es ihr Haus ist. Ich spähe durchs Fenster im Erdgeschoss und sehe einen gedeckten Tisch. Das Zimmer ist aufgeräumt und dunkel. Senia ist nicht da, Stellianos auch nicht. Wahrscheinlich sind sie oben, um meine Abreise zu feiern, um sich zu lieben. Ich gehe einmal ums Haus. Die Holztür, der geparkte Wagen, das Fenster mit Blick auf den gedeckten Tisch. Jetzt erreiche ich auch den hinteren Teil des Gartens und sehe etwas, was mir vorher entgangen ist. Einen Mann. Er wippt auf einem Stuhl. Neben ihm steht ein volles Glas. Wie ein Spion drehe ich noch einmal eine Runde ums Haus. Wieder die Holztür, wieder das Auto mit den Reifen voller Sand, wieder der gedeckte Tisch für jemanden, der nicht da ist, wieder der Mann, der auf dem Stuhl wippt. Senia und Stellianos sind wohl hier angekommen und gleich wieder verschwunden, denn das Zimmer im Erdgeschoss ist leer, die Fenster im ersten Stock sind geschlossen. Der Mann greift nach dem Glas und trinkt. Er trägt eine große, dunkle Brille. Schaukelt auf dem Stuhl und betrachtet das Meer. Und wieder bin ich bei dem geparkten, sandverdreckten Auto, dann am Fenster mit Blick auf den gedeckten Tisch. Bevor ich endgültig gehe, drücke ich die Klinke der Holztür herunter. Sie springt auf.

Dämmerlicht. Und Stille. Das Herz schlägt heftig in meiner Brust, aber ich kann nicht umkehren. Ich schnuppere den Geruch des Hauses. Es schmeckt nach Seife. Ich sehe mich um. Paula mag griechische Inneneinrichtungen, ich nicht. In einem Küchenschrank sind winzige Gegenstände aus Porzellan aufgestellt, kleine Vasen, bunte Flaschen. Von den Konsolen hängen unzählige Spitzendeckchen. Auf den Rückenlehnen zweier Sessel liegen gehäkelte Nackenrollen. Ich gehe weiter. Das Abendessen steht fertig auf dem Tisch. Vielleicht ist es für den Mann gedacht, der draußen auf dem Stuhl wippt und das Meer betrachtet. Ein bemalter Holzrahmen fasst den Spiegel an der Wand ein. Zwischen Rahmen und Glas sind alte Fotos geklemmt. Ich trete näher. Senia als Kind, das gleiche habe ich auch.

Anna mit der kleinen Senia, in Italien. Senia mit mir am Meer, daran erinnere ich mich nicht. Ich betrachte es genauer. Wir sehen beide direkt in die Kamera, beinah herausfordernd. Sie trägt einen knallroten Badeanzug mit Seitenschlitzen. Ich fasse um ihre Hüfte, meine Finger spielen mit dem Stoff und berühren ihre Haut. Dann Anna und mein Vater in einem Boot. Hübsches Foto, in Schwarzweiß. Anna hält eine Zigarette zwischen ihren Fingern und lächelt. Mein Vater lehnt sich aus dem Boot und schaut ins Wasser. Mein Vater mit Senia auf dem Arm. Da dürfte sie so drei oder vier sein. Dann Anna und mein Vater mit Senia, als sie ungefähr zwölf ist. Dann nur Senia und mein Vater. Hier ist sie vielleicht fünfzehn. Ich verspüre einen Stich in der Brust. Ich gehe noch einmal zurück. Anna und mein Vater im Boot. Dann mein Vater mit Senia auf dem Arm. Dann Anna und mein Vater mit Senia, als sie ungefähr zwölf ist. Dann nur Senia und mein Vater, sie vielleicht fünfzehn. Aber als Senia fünfzehn war, war mein Vater längst tot. Das kann unmöglich mein Vater sein! Ich betrachte die Fotos noch einmal der Reihe nach. Anna mit Senia auf dem Arm. Senia in ihrem roten Badeanzug. Anna und mein Vater im Boot. Mein Vater mit Senia, kurz bevor alles endete. Wieder er mit Senia, als bereits alles zu Ende war. Ich nehme das Foto aus dem Rahmen. Hier ist Senia bestimmt älter als fünfzehn. Sie ist schon so groß wie er. Sie hält seinen Kopf in beiden Händen und küsst seine Wange. Er hat eine große, dunkle Brille auf. Er mochte grelles Licht nicht, genau wie ich.

Ich trete zur Terrassentür, die nach hinten hinausgeht. Noch immer wippt er auf dem Stuhl, noch immer betrachtet er das Meer. Er nimmt die Sonnenbrille ab und legt sie auf den Tisch. Zieht ein Taschentuch aus der Hose und wischt sich die Stirn ab. Mit einer Hand verscheucht er eine Fliege. Er steckt das Taschentuch wieder ein. Nimmt das Glas und trinkt.

«Das war es, was ich vor dir geheim halten wollte», sagt Senia.

Sie steht hinter mir, ich sehe ihr Spiegelbild im Fenster. Ganz langsam ist sie die Treppe heruntergekommen, jetzt steht sie neben dem Tisch, auf dem ich die Fotos ausgebreitet habe. Sie nimmt eines in die Hand. Betrachtet es.

«Er hat jahrelang nur von dir geredet», sagt sie. «Eines Tages würde er nach Neapel gehen und dich hierherbringen. Ich fragte ihn, wann, und er antwortete, bald! Aber das war nur so dahingesagt, damit ich endlich Ruhe gab.»

Er verscheucht noch immer die Fliege. Ich betrachte sein weißes Haar. Die Schultern. Die Hand, die er nach dem Glas ausstreckt. Die Finger, die es halten und zum Mund führen. Ich lehne mich gegen die Scheibe, strecke eine Hand aus.

«Tu's nicht», sagt Senia. «Bitte.»

Die Luft aus dem Garten strömt jetzt in den geschlossenen Raum. Plötzlich steht er auf.

«Geh weg, Carlo!» Sie eilt auf mich zu. «Er darf dich nicht sehen, bitte!»

Sie will mich zurückdrängen, aber ich bleibe stehen. Er

hat das Glas auf den Tisch gestellt. Streckt seine Arme aus und gähnt. Ruckartig dreht er sich um und sieht uns, nebeneinander stehend. Er verzieht das Gesicht, denn die Sonne blendet ihn. Er greift nach der Brille, setzt sie auf und sucht meinen Blick. Ich bin es; ja, natürlich bin ich es! Carlo, dein Sohn.

Zögerlich betrete ich die Terrasse, dann den Garten. Ich gehe auf ihn zu, verscheuche dabei die Katze, die sich an seine Füße geschmiegt hat. Er ist barfuß und trägt eine viel zu große Jacke mit ausgefranstem Kragen. Der Saum seines weißen Hemdes ist schmutzig.
«Jetzt hast du's ja doch noch geschafft», sagt er. «Komm her, lass dich anschauen.»
Er nimmt die Sonnenbrille ab und betrachtet mich. Auch ich betrachte ihn. Ich erinnere mich noch an seine grünen Augen, jetzt sind sie rot und geschwollen.
«Hübsch bist du geworden», sagt er.
Die Augen mustern mich von oben bis unten. Träge.
«Senia sieht eher mir ähnlich, du kommst mehr nach deiner Mutter.»

Falsch, denn ich habe dieselbe Kopfform wie er, dieselben breiten Schultern. Ich habe genau seine Arme, genau dieselben Hände.

«Ihren inneren Frieden hat sie noch immer nicht gefunden. Sogar jetzt, wo sie tot ist, will sie Krieg.»

Sie erscheint ihm im Traum, erzählt er.

«Und im Traum beschimpft sie mich aufs Übelste. Als sie noch lebte, hat sie sich nicht getraut, solche Worte in den Mund zu nehmen.»

Er lacht, immer lauter, bis er einen Hustenanfall bekommt. Er dreht sich weg und spuckt über die Stuhllehne. Die Katze, die sich schon wieder an seine Beine geschmiegt hat, flüchtet erneut.

«Sag du ihr, sie soll mich in Ruhe lassen, auf dich hört sie! Sonst quält sie mich bis an mein Lebensende. Willst du etwas trinken?», fragt er.

Die zitternde Hand nähert sich wieder dem Glas. Während er trinkt, verschüttet er etwas auf seinem Hemd. Er flucht. Mit der anderen Hand wischt er sich ab. Dann leert er das Glas ganz und knallt es auf den Tisch.

«Jetzt setz dich doch endlich! Was stehst du so blöd herum?»

Nervös rutscht er auf dem Stuhl hin und her. Er zieht sein Taschentuch heraus, putzt sich die Nase und betrachtet das Ergebnis. Dann faltet er das Tuch zusammen und steckt es zurück in die Hosentasche.

«Mich würde echt interessieren, ob diese blöde Kuh mich mehr geliebt oder gehasst hat», sagt er. «Aber bald folge ich ihr ja in die Hölle, dann kann ich sie selber fragen.»

«Hör mal, das gehört sich nicht, einfach stehen zu bleiben, wenn dich jemand bittet, dich zu setzen! Hol dir einen Stuhl und setz dich endlich. Und wenn du schon mal drin bist, kannst du mir gleich die Flasche mitbringen, die auf dem Tisch steht – sonst hättest du gar nicht erst zu kommen brauchen. Faules Pack!»

Das hat meine Mutter auch immer gesagt, wenn sie mich ärgern wollte: Faules Pack.

«Aber hübsch bist du geworden», sagt er. «Von wem du das wohl hast?»

Wieder greift er nach dem Glas, muss allerdings feststellen, dass es leer ist. Er sieht sich um, suchend, aber da ist weit und breit keine Flasche. Fröstelnd zieht er die Schultern zusammen, selbst in der Sonne ist ihm kalt.

«Du hast immer schon in einer anderen Welt gelebt. Du hast nicht zu uns gepasst, wirklich nicht.»

Ich erwartete damals ja nicht, dass er mich liebte. Ich wollte ihn lieben. Ich wollte nur, dass er blieb, bei mir, um sich lieben zu lassen. Das hätte mir schon genügt. Dass er blieb, bei mir.

«Morgen regnet es», sagt er. «Keiner weiß das besser als ich … Morgen regnet es.»

Er fragt, wann ich abreise.

«Fahr ruhig, morgen wird es hier sowieso regnen, ich seh's

an den Bäumen. Siehst du die Bäume da hinten im Garten?»

Ich betrachte die Bäume da hinten in dem vertrockneten Garten, die sich im Meltemi biegen. Manchmal biegen sie sich nach rechts, sagt er. Manchmal nach links. Aber wenn sie sich zu ihm biegen, heißt das, es wird regnen.

«Die Bäume da sagen mir auch, wann ich sterben werde.»

Aber in jener Nacht war es noch nicht an der Zeit, meint er.

Wie oft habe ich mir die Szene vorgestellt, sein Boot, das der Wind mit sich reißt. Aber er, er war stärker als der Wind, sagt er. Stärker als der Sturm. Er hätte sterben können, aber er hat gesiegt. Trotzdem hatte er natürlich Angst. Er hatte eine so fürchterliche Angst, dass er zu beten anfing, sagt er. Aber anscheinend war es noch nicht an der Zeit für ihn.

«Und weil ich gesiegt habe, habe ich mir ein Geschenk gemacht.»

Die Katze springt auf seinen Schoß. Sie drückt den Kopf gegen seine Hand, sodass er sie gezwungenermaßen streicheln muss.

«Ich habe mir ein neues Leben geschenkt.»

Er gibt nach und streichelt die Katze.

Einmal zweimal viermal Streicheln.

Zehnmal hundertmal tausendmal Streicheln.

«Und ich bin nicht zurückgekehrt.»

«Carlo!», ruft er.
Ich rühre mich nicht.
«Bevor du gehst, hol mir noch den Wein von drinnen.»
Mit benebelten Augen suche ich die Terrasse, den Türgriff. Dann den Tisch und die Flasche auf dem Tisch.
«Bitte gib sie ihm nicht», sagt Senia.
Ich nehme die Flasche und gehe zu ihm. Er hat die Brille wieder aufgesetzt und schaut geradeaus aufs Meer. Ich öffne die Flasche und fülle sein Glas. Verscheuche die Fliege, die sich darauf setzen will. Er hat sich nicht bewegt. Ich beobachte ihn. Hinter der dunklen Brille sind Tränen heruntergelaufen. Sie sind die Nase entlang über die Wangen geglitten, in seine Falten hinein. Langsam erreichen sie jetzt die Lippen. Seinem Mund, halb geöffnet, schwer atmend, bleibt gar nichts anderes übrig, als sie zu trinken.
Er trinkt seine Tränen.
Das war's. Genau so.

Senia will wissen, ob ich ihr jetzt böse bin, ob sie irgendetwas für mich tun kann, ob ich auf Serifos bleiben möchte. Sie sagt, ich soll bleiben, jetzt ist ja alles vorbei, jetzt weiß ich endlich Bescheid, und sie fühlt sich endlich besser. Sie sagt, ich habe ja keine Ahnung, wie schwer das war, die Wahrheit vor mir zu verbergen. Und als sie aus

Athen zurückkam, da hatte sie auf dem Schiff schon so ein komisches Gefühl, dass irgendetwas passieren würde, und dann ging sie zur *reggia*, einfach so, ohne besonderen Grund, als hätte sie irgendetwas dorthin gedrängt. Sie sagt, als sie das Haus betrat, wusste sie – warum auch immer –, dass wir Italiener sind. Und als ich aus dem Schlafzimmer kam, war ihr alles klar. Sie tat zwar so, als würde sie mich nicht kennen, aber sie wusste sehr genau, wer ich war. Sie wusste nicht, warum ich hier war und wer mich hierhergeschickt hatte. Sie sagt, sie rannte sofort nach Hause, zu ihm, um herauszufinden, ob er es schon wusste. Sie sagt, als er sie sah, fing er an zu brüllen. Anna hatte kurz zuvor angerufen. Sie hätte mich in Brindisi getroffen und mich aufgefordert, hierherzukommen, ich könne jeden Moment eintreffen.

Dann fragt Senia, ob ich ihr verzeihe, weil sie mich belogen hat, aber er wollte auf keinen Fall, dass ich alles erfahre und dass ich ihn so krank sehe. In Wirklichkeit schämt er sich für das, was er getan hat, sagt sie. Aber er soll das jetzt nicht zu spüren bekommen, er hat schon teuer dafür bezahlt. Wir alle haben schon teuer dafür bezahlt. Dann bittet sie mich nochmals zu bleiben. Damit Ruhe einkehrt, damit wir ein wenig Zeit miteinander verbringen. Sie fragt, ob ich weiß, warum sie in Athen war, ob es mich interessiert. Sie sagt, sie ist schwanger. Sie sagt, wenn das keine gute Nachricht ist! Sie wünscht sich schon so lange ein Kind. Sie sagt, Stellianos wird ein guter Vater sein. Er ist zwar noch ein halbes Kind und steigt den Frauen nach, aber er wird sich bald ändern, und es wird ihnen gut gehen. Sie sagt, wir müssen versuchen, glücklich zu sein – zumindest wir! Unsere Eltern haben alles falsch gemacht, aber wir können doch nicht ewig leiden, sagt sie.

Der Menschenstrom drängt sich die Treppe nach oben und belagert die Gänge. Alle versuchen eine Sitzbank oder einen Sessel zu ergattern. Aber die Fähre war beim Anlegen auf Serifos schon voll. Die Älteren werden froh sein, wenn sie einen Platz finden, an dem es nicht zieht. Die Jüngeren werden trotz der Kälte an Deck gehen. Einige Pärchen haben sich unter freiem Himmel in ihre Schlafsäcke verkrochen. Ich betrete den hintersten Saal, in dem es sich die Leute sogar schon unter den Tischen bequem gemacht haben. Dort sind sie vor dem grellen Neonlicht geschützt. Ein paar sind noch wach und sehen sich auf dem weit entfernten Fernseher griechische Sendungen an. Ich stehe in der Mitte des Saals und bin der Einzige, der noch keinen Platz gefunden hat. Frauen in leichten Mänteln, Männer, die mit offenem Mund schnarchen. Ich eile zu der letzten noch freien Sitzbank, muss dann aber feststellen, dass dort ein Junge liegt und schläft. Er beansprucht Platz für zwei, damit er sich ausstrecken kann. Meine Beine zittern, ich muss mich setzen. Mir ist zum Heulen zumute. Als der Vater des Jungen sieht, dass ich keinen Platz habe, lächelt er mich an und steht auf. Er nimmt den Jungen, ganz vorsichtig, um ihn nicht zu wecken. Eine Hand greift unter den Rücken, die andere unter die Knie, so hebt er ihn hoch. Der Kopf des Kindes fällt nach hinten, schnell stützt ihn der Vater mit einer Hand. Der Junge ist nicht aufgewacht. Der Vater sieht zu mir, er lächelt. Ich bedanke mich mit einer Geste und setze mich. Noch immer sehe ich ihn an, und er lächelt wieder, den Jungen im Arm. Dann sieht er auf seinen Sohn. Mit den Fingern kämmt er ihm die Haare, fährt ihm über die Stirn, streicht seine Augenbrauen glatt. Ruckartig stehe ich auf und gehe zum Ausgang. Ich stoße die Tür auf. Die Schiffsmotoren verbreiten einen ekelerregenden Gestank, dass mir ganz schlecht wird. Ich gehe an Deck.

«Man sollte eine griechische Insel nicht im Morgengrauen verlassen.»

Wer weiß, wo sie jetzt wohl gerade ist, die Amerikanerin. Ob sie ihren Sohn nach Hause gebracht hat. Den Sohn, der zwei Väter hat und sich einen aussuchen kann, denke ich. Ich will wieder hinein. Zu dem Vater und ihn umarmen. Er soll mich genauso streicheln.

«Und falls du doch einmal in die Verlegenheit kommst, geh auf keinen Fall an Deck und verabschiede dich in

der Morgendämmerung von Serifos – du als emotionaler Mensch schon gar nicht!»
Ich stütze mich auf das Holzgeländer. Als der Anker eingeholt wird, fühle ich mich, als lege sich die schwere Kette um meinen Hals. Das Schiff wird losfahren, und ich werde erwürgt, denke ich. Endlich löst sich das Schiff von der Mole und steuert aufs offene Meer zu. Unter mir reißt die See eine Wunde aus Schaum auf. Und wenn ich mich hinunterstürze?, denke ich. Ich warte noch ein bisschen. Ich warte auf das tiefe, violette Wasser der Ägäis. Serifos ist jetzt weit weg. Nicht nur das; die Insel hat sich aufgelöst. Meine Hände umklammern das Holz, und ich schließe die Augen.

Als ich sie wieder öffne, erscheint mir das Schiff leer und ausgestorben, wie in einem Traum. Die Sessel leer, die Fernseher ausgeschaltet, die Bars geschlossen. Nur ein Kellner läuft zwischen den schmutzigen Tischen herum. Ich bleibe noch in meinem Versteck, ich will mich nicht zeigen, aber er hat bereits meinen Kopf hinter der Sitzbank gesehen. Ich höre das Schlappen seiner Mokassins in meine Richtung, er kommt immer näher. Schon steht er vor mir. Vorsichtig klopft er auf meine Schulter.

«Signore?»

Ich hebe den Kopf und sehe ihn an. Er hat schwarze Wimpern und wunderschöne Augen, die im Licht von Nachtgrün zu Wassergrün wechseln.

«Signore», der junge Mann lächelt, «wir sind da.»

Jeffrey Eugenides

Middlesex

Niemand ahnt das Geheimnis des jungen Paars aus Bruder und Schwester, doch nach Jahrzehnten hat ihr Tabubruch ungeahnte Folgen. «‹Middlesex› ist ein unerhörter, wunderbarer Roman», urteilt Schriftstellerkollege Jonathan Franzen.

3-499-23810-1

Amerikanische Literatur fürs 21. Jahrhundert: «Eine Gesellschaft wird besichtigt.»

Süddeutsche Zeitung

Jonathan Franzen

Die Korrekturen

Für seinen dritten Roman und sensationellen Erfolg «Die Korrekturen» erhielt Franzen 2001 den National Book Award verliehen. Schon vorher hatte ihn die Zeitschrift The New Yorker unter die «Twenty Writers for the 21st Century» gerechnet.

3-499-23523-4

Siri Hustvedt

Was ich liebte

«Was ich liebte» erzählt von sexuellen und künstlerischen Lebensentwürfen, von Eltern und Kindern auf der Suche nach ihrer Identität. «Hustvedts bisher eindrucksvollster und ambitioniertester Roman» *(Frankfurter Rundschau)*.

3-499-23309-6

BW 91/1

Weitere Informationen in der Rowohlt Revue oder unter www.rororo.de